U0556163

中国棉花产业发展研究报告
（2024 年）

主　编　周万怀　张若宇

副主编　胡春雷　李　浩　张雪东　李庆旭

中国商业出版社

图书在版编目(CIP)数据

中国棉花产业发展研究报告.2024年 / 周万怀,张若宇主编. —— 北京：中国商业出版社,2024.12.

ISBN 978—7—5208—3250—2

Ⅰ.F326.12

中国国家版本馆 CIP 数据核字第 202416KG95 号

责任编辑:李 飞

(策划编辑:蔡 凯)

中国商业出版社出版发行

(www.zgsycb.com 100053 北京广安门内报国寺 1 号)

总编室:010—63180647 编辑室:010—83114579

发行部:010—83120835/8286

新华书店经销

北京九州迅驰传媒文化有限公司印刷

＊

787 毫米×1092 毫米 16 开 12.75 印张 230 千字

2024 年 12 月第 1 版 2024 年 12 月第 1 次印刷

定价:76.00 元

＊ ＊ ＊ ＊

(如有印装质量问题可更换)

《中国棉花产业发展研究报告(2024年)》
编委会

主　　任　　丁忠明　冯德连

副 主 任　　秦立建　方　鸣

委　　员　　丁忠明　冯德连　秦立建　方　鸣
　　　　　　计　慧　刘从九　唐　敏　李　想
　　　　　　董晓波　刘　敏　刘　巍　胡　联
　　　　　　陈宏伟　于志慧　周万怀　张若宇
　　　　　　胡春雷　李　浩　张雪东　李庆旭

秘　　书　　徐冠宇

本书主编　　周万怀　张若宇

本书副主编　胡春雷　李　浩　张雪东　李庆旭

本书参编人员

李明杰　梁后军　刘从九　徐守东　凌　康
阮　劲　何狂飙　陈晋莹　顾雨熹　张　炜
魏敬周　邹政辉　刘遵严

前　言

　　安徽财经大学是一所以经济学、管理学、法学为主，跨文学、理学、工学、史学、艺术学等八大学科门类，面向全国招生和就业的多科性高等院校。作为安徽省重点建设大学和中华全国供销合作总社重点智库，加强智库建设、服务经济社会发展是学校的重要任务。2013年以来，我校每年公开出版《中国棉花产业发展研究报告》，相关工作得到了中华全国供销合作总社领导的批示与肯定和社会各界的高度评价。

　　此次出版的《中国棉花产业发展研究报告（2024年）》是我校与中国棉花协会棉花工业分会、中国棉麻流通经济研究会、石河子大学等单位紧密合作，共同组织策划，由我校中国合作社研究院组建以教授、博士和资深从业人员为主体的棉花协同创新团队，经过一年左右深入调查研究所形成的研究成果。报告以权威性、专业性的视角，从棉花种植与生产、棉花加工、棉花质量、棉花消费以及贸易和棉花产业研究动态等方面，以权威数据为基础深入分析，盘点过去、评述现在、展望未来，期待能为行业提供借鉴。

　　本报告撰写过程中得到了中国棉麻流通经济研究会、中国棉花协会棉花工业分会、中华全国供销合作总社郑州棉麻工程技术设计研究所、中华棉花集团有限公司、山东天鹅棉花机械股份有限公司、石河子大学、邯郸润棉机械制造有限公司、南通御丰塑钢包装有限公司和新疆晨光生物科技集团有限公司等部门的大力支持，在此一并表示感谢！由于系统深入跟踪研究我国棉花产业发展涉及面广，时间紧、任务重，不足之处在所难免，敬请社会各界专家、学者和相关从业人员批评指正。

安徽财经大学　周万怀

2024 年 8 月

目　录

目　录

第1章 棉花种植与生产报告

1.1 国内棉花种植与产量

1.1.1 近年国内棉花种植分布概况

国家统计局的数据显示，2016—2024 年中国棉花播种面积整体状况如图 1 -1 所示。可见，2016—2018 年中国棉花播种面积整体呈现上升趋势，于 2018 年播种面积达到近年播种面积的峰值，较 2016 年上升 4.81％。自 2019 年起 开始小幅回落，到 2024 年棉花播种面积由 2018 年的高峰 3352.29 千公顷下 降至 2722.2 千公顷，下降幅度为 18.8％。

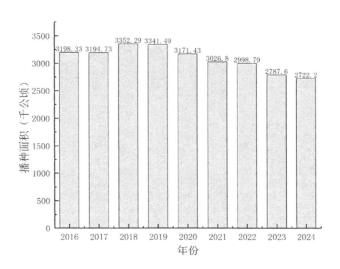

图 1 - 1 2016—2024 年中国棉花播种面积整体状况

　　根据中国棉花协会在 2024 年 3 月进行的第二期植棉意向调查，全国植棉意向面积为 4112 万亩[①]，同比下降 1.5%。其中，新疆植棉意向面积同比下降 1.5%，长江流域植棉意向面积下降 6.7%，而黄河流域植棉意向面积则增长了 2.5%。新疆棉区的植棉意向面积下降主要是由于部分地区调整种植结构，减少次宜棉田块的种植，并改种其他作物，如粮食。尽管如此，大多数棉农因棉花补贴政策而收入稳定，仍然愿意继续种植棉花。长江流域的植棉意向面积减少，主要是由于植棉比较效益差、棉农年龄偏大等。而黄河流域的植棉意向面积增加，主要得益于 2023 年籽棉价格稳定，激发了棉农的种植积极性。在全国被调查的棉农中，有 70% 的农户植棉意向与 2023 年持平，10.6% 的农户打算减少植棉面积，5.8% 的农户打算增加植棉面积，还有 13.6% 的农户植棉意向不明确。随着天气转暖，南疆棉花已经开始播种，北疆棉花预计在 4 月中下旬开始播种。

　　表 1-1 列举了 2018—2023 年全国各省份棉花播种面积概况。可以看出 2018 年全国共有 23 个省份（包含自治区和直辖市）种植棉花，其中播种面积在 100 千公顷以上的省份有 4 个，分别为新疆维吾尔自治区、河北省、山东省、湖北省。截至 2024 年，全国棉花播种面积超 100 千公顷的仅剩下新疆和湖北两个省份。

表 1-1　2018—2023 年全国各省份棉花播种面积概况

序号	省份	年度播种面积（千公顷）					
		2018 年	2019 年	2020 年	2021 年	2022 年	2023 年
1	新疆维吾尔自治区	2491.300	2540.500	2501.900	2506.100	2496.690	2369.300
2	河北省	210.390	203.890	189.200	139.800	116.100	86.000
3	山东省	183.270	169.280	142.900	110.200	113.300	96.500
4	湖北省	159.260	162.830	129.700	120.700	115.800	103.300
5	安徽省	86.300	60.300	51.200	34.400	30.300	22.700
6	湖南省	63.900	63.000	59.500	60.200	64.600	55.900
7	江西省	46.690	42.700	35.000	11.000	19.700	19.400
8	河南省	36.680	33.800	16.200	11.500	10.900	6.100

---

　　①　亩为非法定计量单位，1 公顷等于 15 亩，1 亩＝666.67 平方米。

续表

序号	省份	年度播种面积（千公顷）					
		2018 年	2019 年	2020 年	2021 年	2022 年	2023 年
9	甘肃省	19.400	21.530	19.330	16.200	20.300	20.400
10	江苏省	16.600	11.600	8.400	5.800	4.200	3.500
11	天津市	17.100	14.110	8.800	3.700	2.500	1.100
12	陕西省	6.920	5.460	0.000	0.000	0.000	0.000
13	浙江省	5.710	5.620	4.800	4.000	3.400	2.400
14	四川省	4.030	2.850	2.300	2.100	0.000	0.000
15	山西省	2.580	2.260	1.100	0.000	0.000	0.000
16	广西壮族自治区	1.210	1.110	1.100	1.100	1.000	0.000
17	贵州省	0.650	0.440	0.000	0.000	0.000	0.000
18	上海市	0.090	0.060	0.000	0.000	0.000	0.000
19	内蒙古自治区	0.080	0.070	0.000	0.000	0.000	0.000
20	福建省	0.090	0.050	0.000	0.000	0.000	0.000
21	广东省	0.000	0.000	0.000	0.000	0.000	0.000
22	云南省	0.020	0.010	0.000	0.000	0.000	0.000
23	辽宁省	0.010	0.010	0.000	0.000	0.000	0.000
24	北京市	0.010	0.010	0.000	0.000	0.000	0.000
25	重庆市	0.000	0.000	0.000	0.000	0.000	0.000
26	宁夏回族自治区	0.000	0.000	0.000	0.000	0.000	0.000
27	西藏自治区	0.000	0.000	0.000	0.000	0.000	0.000
28	海南省	0.000	0.000	0.000	0.000	0.000	0.000
29	黑龙江省	0.000	0.000	0.000	0.000	0.000	0.000
30	吉林省	0.000	0.000	0.000	0.000	0.000	0.000
31	青海省	0.000	0.000	0.000	0.000	0.000	0.000
32	台湾省	—	—	—	—	—	—
33	香港特别行政区	—	—	—	—	—	—
34	澳门特别行政区	—	—	—	—	—	—

1. 各省份棉花播种面积变化趋势

图1-2展示了2016—2023年全国各省份棉花播种面积变化趋势。结合表1-1中的数据可以发现，除新疆外，其他省份棉花种植规模均呈缩减趋势。例如：河北省植棉面积从2018年的210.390千公顷下降至2023年的86.000千公顷，降幅为59.12%；山东省植棉面积从2018年的183.270千公顷下降至2023年的96.500千公顷，降幅为47.35%；湖北省植棉面积从2018年的159.260千公顷下降至2023年的103.300千公顷，降幅为35.14%。其他省份的棉花种植规模也出现与以上3个省份类似的下降趋势，此处不再一一赘述。

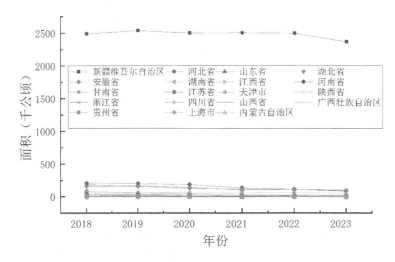

图1-2　2016—2023年全国各省份棉花播种面积变化趋势

2. 规模以上种植省份占比变化趋势

按播种面积对各个省份进行排名，对排前5位的省份各自独立分析，余下省份归类为"其他"，占比情况如图1-3和表1-2所示。可以看出，排名第一位的新疆产区植棉面积占比在2018—2023年逐年上升，结合1.1.1节中的数据可知2018—2023年新疆植棉面积基本稳定，然而在此期间，其他省份植棉面积却在不断缩减，故新疆植棉面积占比快速提升；相反，排名第2～5位的省份以及其他棉花产区的植棉面积在2018—2023年逐年缩减。由表1-2可以看出，新疆棉花播种面积占比由2018年的74.27%上升至2023年的85.02%。总体而言，排名前5位的主产省份的棉花总播种面积占比由2018年的93.38%上升至2023年的96.10%，棉花生产更加趋于集中。

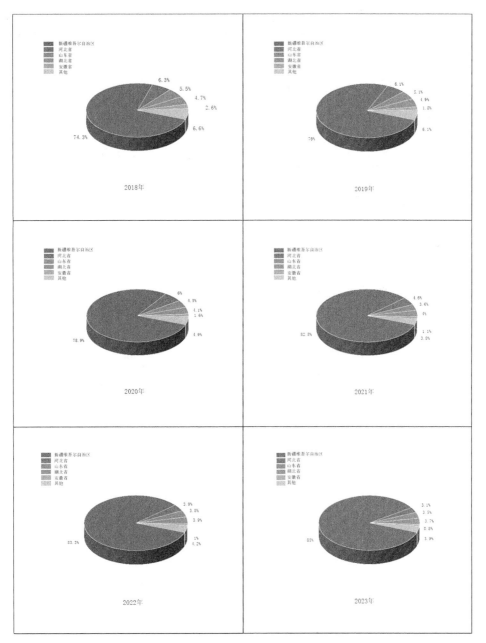

图 1 - 3　2018—2023 年全国棉花播种面积占比

表 1 - 2   2018—2023 年全国各省份棉花播种面积占比

年份	种植面积占比（%）					
	新疆维吾尔自治区	河北省	山东省	湖北省	安徽省	其他
2018	74.27	6.27	5.47	4.75	2.57	6.66
2019	76.03%	6.10%	5.07%	4.87%	1.80%	6.13%
2020	78.88	5.97	4.51	4.09	1.61	4.87
2021	82.70	4.61	3.64	3.99	1.14	3.82
2022	83.26	3.87	3.78	3.86	1.01	4.22
2023	85.02	3.09	3.46	3.71	0.82	3.90

1.1.2   近年国内皮棉产量分布概况

国家统计局的数据显示，2017—2023 年我国皮棉产量整体状况如图 1-4 所示。与图 1-1 所展示的棉花播种面积相似，2018 年以前，我国皮棉产量随棉花播种面积的增加而呈现上升趋势，2018 年皮棉产量随棉花播种面积达到峰值。从 2019 年开始，随着植棉面积的缩减，皮棉产量停止了持续上涨的势头，但基于品种改良、种植技术的改进等原因提高了单产，使得总产量依然稳定在 590 万吨左右。

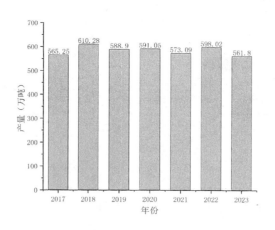

图 1 - 4   2017—2023 年国内皮棉总产量

表 1-3 列举了 2018—2023 年全国各省/自治区/直辖市皮棉产量概况。可见 2017 年全国共有 18 个省/自治区/直辖市有皮棉产出数据，相较表 1-1 中所列的棉花种植省份减少了 6 个，其原因可能是产量过低或未在本地加工。2017 年产量超过 10 万吨的省/自治区/直辖市共有 6 个，分别是新疆维吾尔自治区、河北省、山东省、湖北省、湖南省和江西省，产量为 1 万～10 万吨的省/自治区/直辖市也有 6 个，分别是安徽省、河南省、甘肃省、江苏省、天津市和陕西省；2017 年，新疆维吾尔自治区、河北省、江西省、甘肃省和天津市 5 个省/自治区/直辖市的皮棉产量有所上涨，其他各地皮棉产量随种植规模的缩减而降低；2018 年除新疆维吾尔自治区、山东省、安徽省和甘肃省外，其他各省市的皮棉产量进一步随着种植规模的缩减而降低，皮棉产量过 10 万吨的省份有新疆维吾尔自治区、河北省、山东省、湖北省，皮棉产量为 1 万～10 万吨的省份有湖南省、江西省、安徽省、河南省、甘肃省、江苏省、天津市，其中湖南省和江西省皮棉产量降至 10 万吨以下，陕西省皮棉产量从 1 万吨以上降至 1 万吨以下；2019—2023 年，全国植棉面积连续下滑，至 2021 年年产量过 10 万吨的省/自治区/直辖市仅剩 4 个，产量为 1 万～10 万吨的省/自治区/直辖市也降为 5 个。

表 1-3 2017-2023 年全国各省份皮棉产量概况

序号	省份	皮棉年产量（万吨）						
		2017 年	2018 年	2019 年	2020 年	2021 年	2022 年	2023 年
1	新疆维吾尔自治区	456.657	511.090	500.200	516.100	512.852	539.370	511.200
2	河北省	24.038	23.927	22.740	20.900	15.967	13.900	10.400
3	山东省	20.720	21.703	19.603	18.300	14.025	14.500	12.600
4	湖北省	18.364	14.931	14.361	10.800	10.888	10.300	9.600
5	湖南省	10.950	8.569	8.184	7.400	8.049	8.200	7.600
6	江西省	10.465	7.212	6.572	5.300	1.718	2.200	2.200
7	安徽省	8.554	8.851	5.554	4.100	2.912	2.600	2.000
8	河南省	4.359	3.790	2.712	1.800	1.397	1.400	0.700
9	甘肃省	3.159	3.530	3.266	3.000	3.056	4.000	4.200
10	江苏省	2.573	2.060	1.566	1.100	0.788	0.600	0.500
11	天津市	2.481	1.826	1.813	1.000	0.396	0.300	0.100

续表

序号	省份	皮棉年产量（万吨）						
		2017年	2018年	2019年	2020年	2021年	2022年	2023年
12	陕西省	1.159	0.990	0.763	0.100	0.000	0.000	0.000
13	浙江省	0.643	0.812	0.814	0.700	0.557	0.500	0.300
14	四川省	0.428	0.399	0.278	0.200	0.203	0.000	0.000
15	山西省	0.401	0.361	0.296	0.200	0.094	0.000	0.000
16	广西壮族自治区	0.149	0.129	0.115	0.100	0.112	0.100	0.100
17	贵州省	0.112	0.065	0.041	0.000	0.000	0.000	0.000
18	上海市	0.041	0.010	0.008	0.000	0.000	0.000	0.000
19	内蒙古自治区	0.000	0.011	0.011	0.000	0.000	0.000	0.000
20	福建省	0.000	0.007	0.004	0.000	0.000	0.000	0.000
21	辽宁省	0.000	0.002	0.002	0.000	0.000	0.000	0.000
22	云南省	0.000	0.001	0.000	0.000	0.000	0.000	0.000
23	北京市	0.000	0.001	0.001	0.000	0.000	0.000	0.000
24	广东省	0.000	0.000	0.000	0.000	0.000	0.000	0.000
25	海南省	0.000	0.000	0.000	0.000	0.000	0.000	0.000
26	黑龙江省	0.000	0.000	0.000	0.000	0.000	0.000	0.000
27	吉林省	0.000	0.000	0.000	0.000	0.000	0.000	0.000
28	宁夏回族自治区	0.000	0.000	0.000	0.000	0.000	0.000	0.000
29	青海省	0.000	0.000	0.000	0.000	0.000	0.000	0.000
30	西藏自治区	0.000	0.000	0.000	0.000	0.000	0.000	0.000
31	重庆市	0.000	0.000	0.000	0.000	0.000	0.000	0.000
32	台湾省	—	—	—	—	—		
33	香港特别行政区	—	—	—	—	—		
34	澳门特别行政区	—	—	—	—	—		

1. 2017—2023年各省皮棉产量变化趋势

图1-5展示了2017—2023年全国各省份皮棉产量变化趋势。结合表1-3中的

数据可以发现，除新疆维吾尔自治区和甘肃省以外，其他各省的皮棉产量均呈现下降的趋势。如居第 2 位的河北省皮棉产量从 2017 年的 24.038 万吨下降至 2023 年的 10.400 万吨，总降幅为 56.74%，年均降幅为 9.46%；居第 3 位的山东省皮棉产量从 2017 年的 20.720 万吨下降至 2023 年的 12.600 万吨，总降幅为 39.19%，年均降幅为 6.53%；居第 4 位的湖北省皮棉产量从 2017 年的 18.364 万吨下降至 2023 年的 9.600 万吨，总降幅为 47.72%，年均降幅 7.95%；居第 5 位的湖南省皮棉产量从 2017 年的 10.950 万吨下降至 2023 年的 7.600 万吨，总降幅为 30.59%，年均降幅为 5.10%。其他省份的皮棉产量也均出现不同程度的下降趋势，此处不再一一赘述。

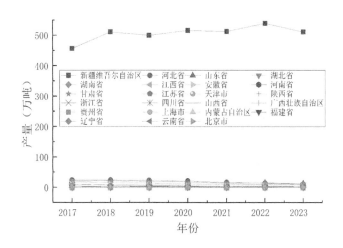

图 1 - 5　2017—2023 年全国各省份皮棉产量变化趋势

2. 2018—2023 年各省皮棉产量占比变化趋势

图 1-6 和表 1-4 详细展示了 2018—2023 年各省/自治区/直辖市皮棉产量占比情况。将排名前 5 位的省份独立分析，其余省份归类为"其他"。由图 1-6 可以看出，排名第 1 位的新疆皮棉产量占比在 2018—2023 年逐年上升，而其他省/自治区/直辖市皮棉产量占比快速下降。由表 1-4 可以看出，新疆皮棉产量占比由 2018 年的 83.74% 上升至 2023 年的 91.04%，河北省皮棉产量占比由 2018 年的 3.92% 下降至 2023 年的 1.85%，山东省皮棉产量占比由 2018 年的 3.56% 下降至 2023 年的 2.25%，湖北省皮棉产量占比由 2017 年的 2.45% 下降至 2023 年的 1.71%，湖南省皮棉产量占比由 2018 年的 1.40% 下降至 2023 年的 1.35%，其他省份皮棉产

量总占比从 2018 年的 4.92％下降至 2023 年的 1.80％；总体而言，排名前 5 位的主产省份的皮棉产量占比由 2018 年的 95.07％上升至 2023 年的 98.35％。产量相对于种植面积更加趋向于集中。

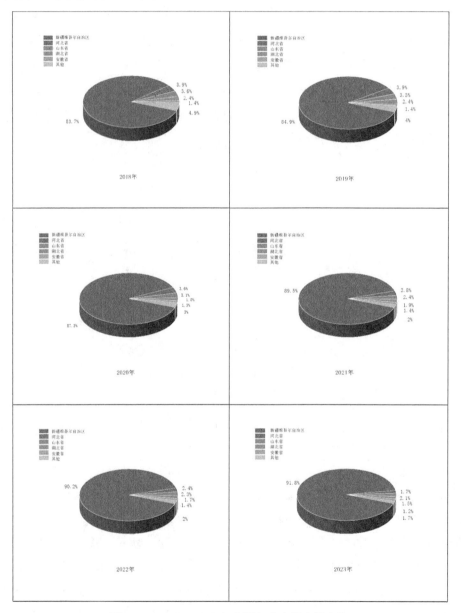

图 1-6　2018—2023 年全国各省皮棉产量占比

表 1 - 4　2018—2023 年全国各省皮棉产量占比（％）

年份	年度种植面积占比					
	新疆维吾尔自治区	河北省	山东省	湖北省	湖南省	其他
2018	83.74	3.92	3.56	2.45	1.40	4.92
2019	84.94	3.86	3.33	2.44	1.39	4.04
2020	87.31	3.54	3.10	1.83	1.25	2.97
2021	89.50	2.79	2.45	1.90	1.40	1.96
2022	90.20	2.33	2.42	1.72	1.37	1.95
2023	91.04	1.85	2.25	1.71	1.35	1.80

1.2　国际棉花种植与产量

1.2.1　全球棉花种植面积分布概况

世界粮农组织统计数据显示，2020—2024 年全球主要棉花种植和生产国家有 78 个，详细数据见表 1-5。其中亚洲为最大棉花种植和生产基地，主要产棉国 25 个，2020—2024 年平均植棉超 21000 千公顷，其他依次为非洲、北美洲、南美洲、大洋洲、欧洲。非洲主要产棉国 27 个、2020—2024 年平均植棉为 4079 千公顷，北美洲主要产棉国 9 个、2020—2024 年均植棉约 3548 千公顷，南美洲主要产棉国 9 个、2020—2024 年均植棉为 2216 千公顷，大洋洲主要产棉国 2 个、2020—2024 年平均植棉为 523 千公顷，欧洲主要产棉国 6 个、2020—2024 年平均植棉为 351 千公顷。

表 1 - 5　2020—2024 年全球棉花播种面积概况

序号	国别	年度种植面积（千公顷）				
		2020 年	2021 年	2022 年	2023 年	2024 年
1	印度	13286	12372	12927	12700	12400
2	美国	3323	4153	2950	2606	3912
3	中国	3200	3100	3150	2900	2850
4	巴基斯坦	2200	2000	1800	2400	2100

续表

序号	国别	年度种植面积（千公顷）				
		2020 年	2021 年	2022 年	2023 年	2024 年
5	巴西	1665	1370	1600	1660	1940
6	乌兹别克斯坦	1060	1030	1050	1030	1000
7	贝宁	615	640	573	510	510
8	布基纳法索	556	595	618	535	550
9	土库曼斯坦	545	550	550	550	550
10	科特迪瓦	445	470	411	395	400
11	阿根廷	406	480	512	560	525
12	土耳其	350	450	555	440	485
13	希腊	276	262	255	200	200
14	澳大利亚	275	635	650	505	550
15	尼日利亚	270	270	270	270	270
16	坦桑尼亚	265	339	360	465	465
17	津巴布韦	240	245	240	240	240
18	乍得	234	325	222	205	205
19	喀麦隆	225	230	232	245	245
20	苏丹	200	200	200	200	200
21	马里	165	720	596	710	720
22	塔吉克斯坦	160	170	170	190	180
23	缅甸	158	159	185	182	190
24	墨西哥	145	154	200	131	110
25	哈萨克斯坦	126	110	125	117	120
26	莫桑比克	125	125	125	125	125
27	阿塞拜疆	100	101	104	94	100
28	多哥	100	70	66	85	85
29	乌干达	100	100	100	100	100
30	伊朗	99	78	119	100	100

续表

序号	国别	年度种植面积（千公顷）				
		2020 年	2021 年	2022 年	2023 年	2024 年
31	马拉维	80	80	80	80	80
32	埃及	65	85	140	100	115
33	西班牙	62	58	52	52	55
34	阿富汗	57	57	55	250	200
35	爱沙尼亚	52	52	54	55	55
36	巴林	44	45	45	46	46
37	赞比亚	40	40	40	40	40
38	叙利亚	37	30	30	30	30
39	中非共和国	34	34	34	34	34
40	刚果（布）	30	30	30	30	30
41	马达加斯加	20	20	20	20	20
42	朝鲜	19	19	19	19	19
43	吉尔吉斯斯坦	18	18	20	18	19
44	塞内加尔	18	18	17	16	18
45	南非	16	18	20	16	18
46	加纳	15	15	15	15	15
47	几内亚	13	13	13	13	13
48	巴拉圭	12	19	45	55	65
49	索马里	12	12	12	12	12
50	伊拉克	10	11	10	10	10
51	肯尼亚	10	10	10	10	10
52	哥伦比亚	9	8	14	13	13
53	海地	7	7	7	7	7
54	秘鲁	6	13	20	8	10
55	尼日尔	5	5	5	5	5
56	斯里兰卡	5	5	5	5	5

序号	国别	年度种植面积（千公顷）				
		2020年	2021年	2022年	2023年	2024年
57	古巴	4	4	4	4	4
58	多米尼加	4	0	0	0	0
59	尼加拉瓜	4	0	0	0	0
60	委内瑞拉	4	4	4	4	4
61	也门	4	5	5	5	5
62	安哥拉	3	3	3	3	3
63	以色列	3	3	8	5	5
64	玻利维亚	2	4	4	4	4
65	保加利亚	2	2	2	2	2
66	危地马拉	2	0	0	0	0
67	洪都拉斯	2	0	0	0	0
68	印度尼西亚	2	1	1	1	1
69	汤加	2	0	0	0	0
70	阿尔巴尼亚	1	1	1	1	1
71	哥斯达黎加	1	0	0	0	0
72	厄瓜多尔	1	1	1	1	1
73	萨尔瓦多	1	0	0	0	0
74	韩国	1	1	1	1	1
75	摩纳哥	1	1	0	0	0
76	菲律宾	1	1	1	1	1
77	泰国	1	1	1	1	1
78	越南	1	1	1	1	1

　　图1-7展示了2020—2024年的全球棉花播种总面积。从图中可以看出，全球棉花播种面积始终保持在31000千公顷以上，2021年和2024年全球植棉面积均超过32000千公顷。

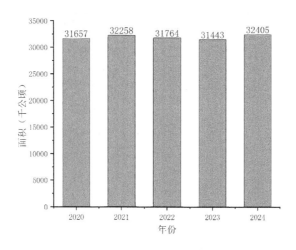

图 1 - 7　2020—2024 年全球棉花播种总面积

1. 各洲棉花播种分布概况

按洲划分，2020—2024 年全球棉花种植面积情况如图 1 - 8 所示。可以看出，全球七大洲（南极洲除外）其他各洲均涉及棉花种植和生产。但各洲的棉花播种面积却相去甚远，播种面积最大的为亚洲，播种面积最小的为大洋洲。

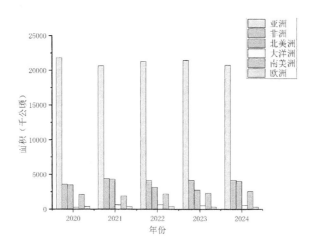

图 1 - 8　2020—2024 年全球棉花种植面积（按洲分类）

2020—2024 年各洲具体植棉面积见表 1 - 6。可见亚洲的棉花播种面积始终稳居全球首位，超过其他各洲播种面积的总和，占全球植棉总面积的 66.3%。

表 1-6 2020—2024 年各洲棉花播种面积

年份	洲际棉花播种面积（千公顷）					
	北美洲	大洋洲	非洲	南美洲	欧洲	亚洲
2020	3480	277	3576	2118	394	21783
2021	4315	635	4382	1902	376	20575
2022	3164	650	4120	2197	364	21118
2023	2750	505	4134	2303	310	21329
2024	4035	550	4183	2560	313	20636
平均	3548.8	523.4	4079	2216	351.4	21088.2

2. 主要产棉国棉花播种面积概况

就播种面积而言，2020—2024 年全球排名前 10 位的植棉国依次为印度、美国、中国、巴基斯坦、巴西、乌兹别克斯坦、贝宁、布基纳法索、土库曼斯坦和科特迪瓦。图 1-9 展示了这 10 个国家棉花种植规模在全球占比情况。可见，印度植棉面积占比连续多年均超过 35%，尤其是 2020 年度的占比更是超过了 41.97%。

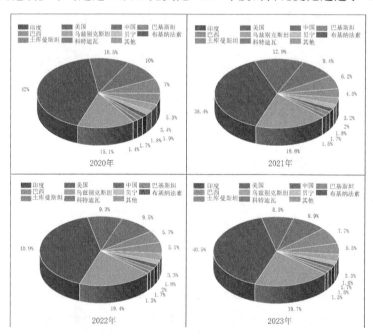

图 1-9 2020—2024 年全球棉花种植面积前 10 位占比

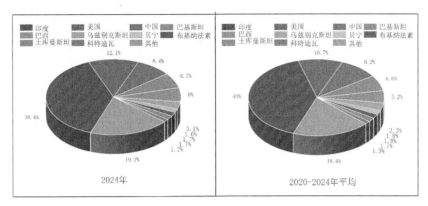

图 1 - 9　2020—2024 年全球棉花种植面积前 10 位占比（续）

表 1 - 7 展示了排名前 10 位的国家棉花种植面积在全球棉花种植面积中的占比情况。可以看出，在全球 80 多个棉花种植和生产国家中，排名前 10 位的国家棉花播种面积占比均保持在 80% 以上，尤其是 2020 年的占比更是高达 84.94%，为其他 70 多个国家种植棉花总面积的 5.64 倍。由此可见，全球棉花种植和棉花供给集中程度非常高。

表 1 - 7　2020—2024 年全球棉花种植面积前 10 位占比（%）

组别	年度种植面积占比				
	2020 年	2021 年	2022 年	2023 年	2024 年
前 10 总和	84.94	81.43	80.59	80.81	80.62
其他总和	15.06	18.57	19.41	19.19	18.38

1.2.2　全球籽棉产量分布概况

同样来自世界粮农组织统计数据显示，2018—2022 年全球棉花生产的籽棉产量详细数据见表 1-8。可以看出，以数量而言，植棉国家最多的为非洲，从事棉花生产的国家共有 36 个；其次为亚洲，有 26 个国家从事棉花生产活动。按产量而言，亚洲棉花产量最高（2022 年产量 4542 余万吨）、北美洲次之（2022 年产量 937 万吨）、南美洲第三（2022 年产量 763 万吨），其他洲际产量合计约 723 万吨。

表 1-8　2018—2022 年全球籽棉产量概况

序号	国别	年度籽棉产量（万吨）				
		2017 年	2018 年	2019 年	2020 年	2021 年
1	中国	1849.333	2350.458	1791.061	1736.636	1812.182
2	印度	1465.7	1855.8	1773.105	1720.4	1499
3	美国	1109.849	1276.563	920.4679	1155.928	846.8691
4	巴西	495.6125	689.334	707.0136	571.1692	642.203
5	乌兹别克斯坦	228.556	269.1698	306.3998	337.2924	350.068
6	澳大利亚	245.000	115.000	29.000	145.000	280.000
7	土耳其	257.000	220.000	177.3646	225.000	275.000
8	巴基斯坦	482.8439	448.023	345.4334	409.6106	240.9642
9	土库曼斯坦	110.1073	111.005	128.022	128.0512	120.1421
10	阿根廷	81.3692	87.2721	104.6043	104.0334	111.551
11	墨西哥	116.2603	91.69839	67.47065	81.29645	87.19546
12	布基纳法索	48.2173	72.42318	69.6636	68.0767	66.86331
13	贝宁	67.7654	71.4714	73.1057	76.6273	58.81104
14	马里	65.6563	71.0731	14.72	73.1	52.6
15	塔吉克斯坦	30.03422	40.30075	45.03353	53.1	51.19961
16	科特迪瓦	41.2646	46.8983	49.0442	55.9455	44.85726
17	喀麦隆	40	47	60	50	40.48
18	坦桑尼亚联合共和国	26.9393	34.891	34.8958	12.2836	37.30185
19	哈萨克斯坦	34.3619	34.43638	32.65822	29.03801	36.18193
20	阿塞拜疆	23.35916	29.5279	33.67915	28.70408	32.2471
21	缅甸	33.6739	28.9399	26.2277	27.5996	28.94879
22	苏丹	35.264	28.224	27	25	25.78202
23	尼日利亚	15	11	23.684	24.274	22.36794
24	埃及	42.6	28.1962	16	19	19.0585
25	埃塞俄比亚	14.5	16.6	16.5	17	17.2

序号	国别	年度籽棉产量（万吨）				
		2017 年	2018 年	2019 年	2020 年	2021 年
26	津巴布韦	16.29	9.46	14.37	19	16.0347
27	乍得	3.6363	18.1818	14.5454	16.22911	13.68249
28	乌干达	11	12	13	13.5	13.5
29	伊朗	12.54742	14.28	13.9563	11.99131	12.82343
30	阿拉伯叙利亚	7.9937	11.4665	9.7522	6.648	12.1046
31	西班牙	21.2587	21.0015	19.0538	17.4921	11.5408
32	莫桑比克	9.7498	10.0843	8.671557	7.777923	8.166164
33	吉尔吉斯斯坦	7.4718	8.02211	7.27741	6.6899	7.6511
34	阿富汗	5.745	7.312	7.4062	7.768	7.351613
35	孟加拉国	13	8.5	8.5	7	6.5
36	多哥	13.7266	11.65782	6.8163	5.0463	5.2324
37	以色列	2.33	2.18	1.4873	1.3133	4.4635
38	几内亚	4.319964	4.44621	4.39916	4.416514	4.436552
39	南非	10.1741	12.877	7.2557	4.1086	4.1437
40	秘鲁	4.419462	5.64097	1.927287	1.501679	3.904943
41	巴拉圭	1.8986	2.7	2.904	2.98	3.75
42	朝鲜	3.727316	3.673645	3.5	3.5	3.5
43	哥伦比亚	3.0393	6.0155	1.903412	2.7342	3.3838
44	刚果	2.976994	3.045861	3.078273	3.101167	3.125099
45	马拉维	2.401	4.180369	1.666031	2.871445	2.912823
46	加纳	1.25	2.8	2.8	2.8	2.8
47	塞内加尔	2	1.6511	1.9571	2.205479	2.6
48	中非共和国	2.45	2.75	2.75	2.4	2.4
49	赞比亚	8.82186	7.250833	4.14408	3.185918	2.275209
50	马达加斯加	1.407336	1.424164	1.43171	1.42107	1.425648
51	索马里	0.716902	0.73476	0.730753	0.735069	0.739386

续表

序号	国别	年度籽棉产量（万吨）				
		2017 年	2018 年	2019 年	2020 年	2021 年
52	尼加拉瓜	0.489	0.7	0.7	0.705832	0.691822
53	突尼斯	0.601	0.601	0.601	0.601	0.602557
54	玻利维亚	0.55	0.68	0.88	0.298405	0.593584
55	尼日尔	0.75	0.75	0.75	0.56	0.56
56	老挝	0.49	0.75	0.63	0.63	0.55
57	几内亚比绍	0.544515	0.526525	0.530358	0.5338	0.530228
58	也门	0.6921	1.6392	0.3906	0.5252	0.50899
59	厄瓜多尔	0.39532	0.401705	0.399922	0.398982	0.400203
60	肯尼亚	0.592287	0.607686	0.616802	0.1297	0.3762
61	洪都拉斯	0.34	0.338007	0.342741	0.352754	0.359142
62	安哥拉	0.34	0.34	0.34	0.34	0.34
63	泰国	0.32	0.32	0.317351	0.317069	0.318132
64	委内瑞拉	0.4165	0.3019	0.630134	0.53622	0.290144
65	危地马拉	0.254104	0.266122	0.262601	0.260942	0.263221
66	布隆迪	0.2066	0.17661	0.164546	0.152124	0.132385
67	斯威士兰	0.15	0.17	0.18	0.125617	0.125349
68	海地	0.096305	0.097002	0.096921	0.096743	0.096889
69	博茨瓦纳	0.1	0.097008	0.088939	0.085642	0.082338
70	阿尔巴尼亚	0.082	0.082168	0.079206	0.076383	0.076714
71	哥斯达黎加	0.071059	0.069499	0.071295	0.070617	0.07047
72	冈比亚	0.053749	0.054263	0.05418	0.054064	0.054169
73	柬埔寨	0.023642	0.023755	0.023879	0.023755	0.023628
74	摩洛哥	0.021367	0.021855	0.021702	0.021641	0.021733
75	尼泊尔	0.012912	0.012832	0.01281	0.012851	0.012831
76	萨尔瓦多	0.011	0.0058	0.001855	0	0.012616
77	安提瓜和巴布达	0.0105	0.010504	0.010547	0.010594	0.010633

续表

序号	国别	年度籽棉产量（万吨）				
		2017 年	2018 年	2019 年	2020 年	2021 年
78	菲律宾	0.0083	0.007	0.0125	0.0083	0.01
79	印度尼西亚	0.0353	0.027999	0.014472	0.0102	0.0089
80	阿尔及利亚	0.008	0.008006	0.008103	0.008224	0.0083
81	格林纳达	0.005103	0.005125	0.00513	0.005149	0.005167
82	越南	0.032997	0.009146	0.007163	0.002509	0.003417
83	伊拉克	0.0037	0.0002	0.0022	0.0003	0.0023
84	圣基茨和尼维斯	0.00035	0.00035	0.00035	0.00035	0.000316
85	保加利亚	0.2385	0.3099	0.2503	0.1462	—
86	希腊	85.96	90.0746	—	—	—

　　图 1-10 展示了 2017—2021 年全球籽棉总产量。可以看出，全球籽棉产量于 2019 年达到峰值，其产量并未随着种植面积进一步提升。尤其是 2020 年，籽棉产量较 2019 年出现较大幅度下降，降幅约为 15.8%。

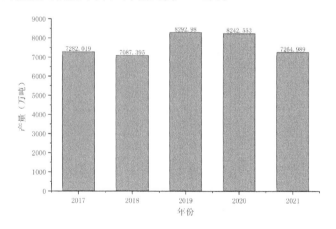

图 1-10　2017—2021 年全球籽棉总产量

1. 各洲籽棉产量分布概况

　　按洲划分，2017—2021 年全球籽棉产量情况如图 1-11 所示。可以看出，与植棉规模相似，亚洲籽棉产量稳居首位，远超其他各洲籽棉产量。北美洲与大洋洲的籽棉产量在 2017—2019 年基本相当，然而 2019 年以后，大洋洲棉花种植快速萎缩，产量急剧下降。也可以看出，从 2021 年开始全球籽棉产量均有较大幅度降低，尤其以亚洲籽棉产量下降最为明显。

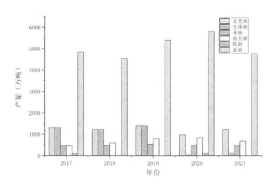

图 1-11 2017—2021 年全球籽棉产量（按洲分类）

2018—2022 年各洲具体籽棉产量见表 1-9。从图中可以看出，与棉花播种面积相似，亚洲籽棉产量始终稳居全球首位，且远超其他各洲籽棉总产量，平均籽棉产量超全球籽棉总产量的 65.52%。

表 1-9 2018—2022 年各洲籽棉产量

年份	洲际籽棉产量（万吨）					
	北美洲	大洋洲	非洲	南美洲	欧洲	亚洲
2018	1229.49	245	451.4953	585.5979	107.5392	4609.404
2019	1374.628	115	486.6743	787.4715	111.4682	5492.885
2020	990.1919	29	415.585	819.5008	19.38331	4772.274
2021	1240.306	145	462.7175	682.0732	17.71468	4791.873
2022	937.7981	280	431.1494	763.8533	11.61751	4542.246
平均	1154.483	162.8	449.5243	727.6993	53.54457	4841.736

2. 主要产棉国的籽棉产量概况

就籽棉产量而言，2018—2022 年全球排名前 10 位的国家分别是中国、印度、美国、巴西、乌兹别克斯坦、澳大利亚、土耳其、巴基斯坦、土库曼斯坦和阿根廷。具体籽棉产量见表 1-8 中序号为 1-10 的记录条目。图 1-12 展示了排名前 10 位的国家籽棉产量在全球籽棉产量中的占比情况。

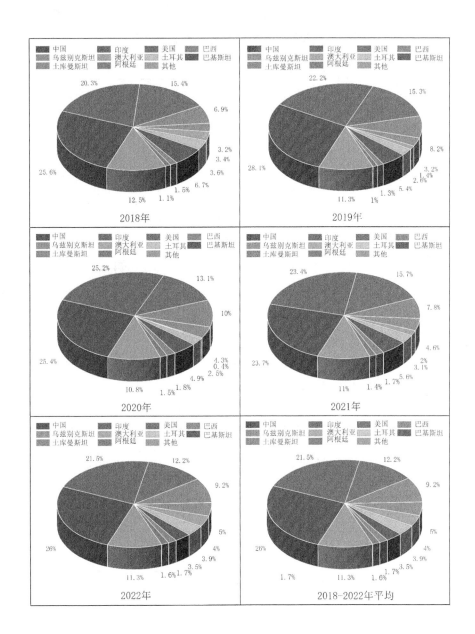

图 1－12　2018—2022 年全球籽棉产量前 10 位占比

　　表 1-10 展示了排名前 10 位的国家 2018—2022 年籽棉产量在全球籽棉产量中的占比情况。与表 1-5 对比可以发现，籽棉产量相对于棉花播种面积更加趋向于

集中化，排名前10位的植棉国占比接近90%，其他70多个产棉国的籽棉总产量仅占约10%，相差约8倍，集中趋势相较于种植面积更加凸显。

表1-10　2018—2022年全球籽棉产量前10位占比（%）

组别	年度籽棉产量占比				
	2018年	2019年	2020年	2021年	2022年
前10位总和	87.51	88.70	89.16	89.01	88.68
其他总和	12.49	11.30	10.84	10.99	11.32

1.2.3　全球皮棉产量分布概况

表1-11列举了2020—2024年全球皮棉产量详细数据。由此可见，全球共有6个洲生产棉花。其中，产量最高的为亚洲，有25个主要产棉国、年产皮棉约1550万吨；北美洲产量位居第二、有10个主要产棉国，年产量约355万吨；南美洲产量位居第三、有8个主要产棉国，年产量约330万吨；非洲有27个国家从事棉花生产，年产皮棉144万吨；欧洲主要产棉国有6个，近五年平均皮棉产量约36万吨；大洋洲有2个主要产棉国、近五年平均年产皮棉106万吨。

表1-11　2020—2024年全球皮棉产量概况

序号	国别	年度皮棉产量（万吨）				
		2020年	2021年	2022年	2023年	2024年
1	中国	591.100	573.014	597.970	561.500	598.785
2	印度	599.199	529.522	572.666	570.230	544.360
3	美国	318.011	381.661	315.060	262.685	370.075
4	巴西	300.033	235.640	255.200	317.226	363.556
5	巴基斯坦	97.900	130.600	84.960	145.920	130.620
6	乌兹别克斯坦	69.218	62.418	69.720	63.139	63.100
7	土耳其	63.140	82.755	106.671	69.652	87.106
8	澳大利亚	60.968	127.381	126.295	108.878	108.845
9	贝宁	31.550	30.912	23.951	22.746	22.746
10	希腊	30.470	30.471	31.569	20.680	23.940

续表

序号	国别	年度皮棉产量（万吨）				
		2020 年	2021 年	2022 年	2023 年	2024 年
11	阿根廷	30.003	31.584	25.344	32.648	33.758
12	墨西哥	22.214	26.565	34.400	19.532	17.413
13	科特迪瓦	21.983	22.842	9.700	16.235	18.520
14	布基纳法索	20.683	20.885	16.871	16.746	17.435
15	土库曼斯坦	20.056	19.580	19.580	19.580	19.580
16	喀麦隆	14.805	13.938	13.062	14.382	14.382
17	苏丹	13.060	13.060	13.060	13.060	13.060
18	阿塞拜疆	11.930	10.171	11.430	9.795	10.340
19	缅甸	10.001	10.494	12.284	11.903	12.426
20	塔吉克斯坦共和国	9.904	10.336	10.455	12.293	11.538
21	伊朗	8.623	6.794	11.626	7.620	8.710
22	尼日利亚	7.614	7.614	7.614	7.614	7.614
23	马里	6.534	31.104	16.032	28.329	29.376
24	西班牙	6.206	5.684	3.983	1.960	5.445
25	哈萨克斯坦	5.645	5.137	7.300	6.529	6.312
26	津巴布韦	5.328	4.680	4.680	4.680	4.680
27	乍得	5.054	6.533	4.351	4.469	4.469
28	坦桑尼亚	4.717	5.560	6.624	10.230	10.230
29	埃及	4.680	6.095	9.254	6.860	7.843
30	叙利亚	4.355	3.483	3.483	3.483	3.483
31	乌干达	3.700	3.700	3.700	3.700	3.700
32	爱沙尼亚	3.266	3.572	3.920	3.922	3.922
33	巴林	3.199	3.290	3.330	3.376	3.376
34	多哥	2.720	2.065	1.960	2.831	2.831
35	莫桑比克	2.500	2.500	2.500	2.500	2.500
36	阿富汗	2.440	2.571	2.393	10.875	8.700

序号	国别	年度皮棉产量（万吨）				
		2020 年	2021 年	2022 年	2023 年	2024 年
37	吉尔吉斯斯坦	2.068	1.960	2.068	1.850	2.069
38	马拉维	1.960	1.960	1.960	1.960	1.960
39	南非	1.546	1.525	1.612	1.350	1.525
40	朝鲜	1.197	1.197	1.197	1.197	1.197
41	巴拉圭	1.002	1.001	4.005	4.466	5.441
42	赞比亚	0.980	0.980	0.980	0.980	0.980
43	中非共和国	0.894	0.785	0.785	0.785	0.785
44	塞内加尔	0.828	0.914	0.544	0.653	0.653
45	马达加斯加	0.654	0.654	0.654	0.654	0.654
46	加纳	0.609	0.609	0.609	0.609	0.609
47	以色列	0.588	0.523	1.742	0.871	0.871
48	哥伦比亚	0.566	1.089	1.436	1.175	1.307
49	秘鲁	0.566	1.481	0.828	0.718	0.871
50	几内亚	0.391	0.391	0.391	0.391	0.391
51	刚果（布）	0.327	0.327	0.327	0.327	0.327
52	伊拉克	0.327	0.370	0.327	0.327	0.327
53	保加利亚	0.218	0.218	0.218	0.218	0.218
54	汤加	0.218	0.000	0.000	0.000	0.000
55	尼加拉瓜	0.218	0.000	0.000	0.000	0.000
56	尼日尔	0.196	0.196	0.196	0.196	0.196
57	委内瑞拉	0.174	0.174	0.174	0.174	0.174
58	索马里	0.152	0.152	0.152	0.152	0.152
59	也门	0.131	0.174	0.174	0.174	0.174
60	海地	0.109	0.109	0.109	0.109	0.109
61	肯尼亚	0.109	0.109	0.109	0.109	0.109
62	斯里兰卡	0.109	0.109	0.109	0.109	0.109

续表

序号	国别	年度皮棉产量（万吨）				
		2020 年	2021 年	2022 年	2023 年	2024 年
63	安哥拉	0.109	0.109	0.109	0.109	0.109
64	玻利维亚	0.109	0.261	0.218	0.218	0.218
65	古巴	0.087	0.087	0.087	0.087	0.087
66	洪都拉斯	0.087	0.000	0.000	0.000	0.000
67	危地马拉	0.065	0.000	0.000	0.000	0.000
68	越南	0.065	0.065	0.065	0.065	0.065
69	多米尼加	0.065	0.000	0.000	0.000	0.000
70	印度尼西亚	0.044	0.044	0.044	0.044	0.044
71	菲律宾	0.044	0.044	0.044	0.044	0.044
72	泰国	0.044	0.044	0.044	0.044	0.044
73	阿尔巴尼亚	0.022	0.022	0.022	0.022	0.022
74	厄瓜多尔	0.022	0.022	0.022	0.022	0.022
75	哥斯达黎加	0.022	0.000	0.000	0.000	0.000
76	韩国	0.022	0.022	0.022	0.022	0.022
77	摩纳哥	0.022	0.022	0.000	0.000	0.000
78	萨尔瓦多	0.022	0.000	0.000	0.000	0.000

图 1-13 展示了 2020—2024 年全球皮棉总产量。可以看出，与 1.2.1 节和 1.2.2 节中棉花播种面积与籽棉总产量相似，近五年全球皮棉产量呈现稳中有升的趋势，随着 2024 年棉花播种面积达到近五年的最高峰，较 2020 年增加了 7.69%。

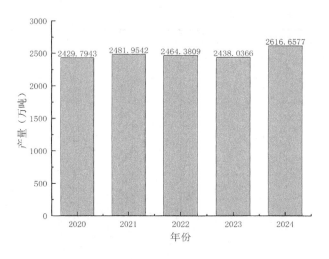

图 1-13　2020—2024 全球皮棉总产量

1. 各洲皮棉产量分布概况

按洲划分，2020—2024 年全球皮棉产量情况如图 1-14 所示。可以看出，与 1.2.1 节和 1.2.2 节中的棉花种植面积和籽棉产量相似，亚洲皮棉产量同样高居首位；尽管非洲在棉花播种面积上超过南美洲，但其产量却低于南美洲。一定程度上反映了科技力量在单产中的作用。

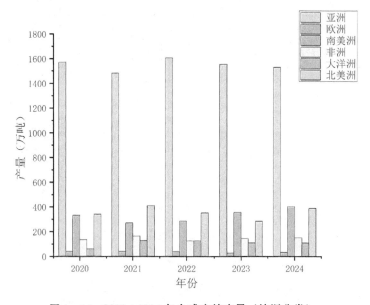

图 1-14　2020—2024 年全球皮棉产量（按洲分类）

2020—2024 年各洲皮棉产量见表 1-12。结合 1.2.1 节和 1.2.2 节的相关数据可见，与棉花播种面积和籽棉产量相似，亚洲皮棉产量始终稳居全球首位，且远超其他各洲的产量，平均皮棉产量占全球皮棉总产量的 61.46%，足以可见亚洲在全球棉花生产与种植方面的地位牢不可破。

表 1-12　2020—2024 年各洲皮棉产量

年份	洲际皮棉产量（万吨）					
	北美洲	大洋洲	非洲	南美洲	欧洲	亚洲
2020	340.878	61.185	136.265	223.257	40.399	1518.77
2021	409.315	127.381	163.646	270.359	39.967	1471.27
2022	350.896	126.295	126.113	285.987	39.712	1535.38
2023	283.392	108.878	145.661	355.668	26.802	1517.64
2024	388.795	108.845	150.841	404.235	33.546	1530.40
平均	354.655	106.517	144.505	329.701	36.085	1514.69

2. 主要产棉国的皮棉产量概况

2020—2024 年全球皮棉产量排名前 10 位的国家分别是中国、印度、美国、巴西、巴基斯坦、乌兹别克斯坦、土耳其、澳大利亚、希腊和贝宁。图 1-15 展示了排名前 10 位的国家皮棉产量在全球占比情况。可以看出，尽管印度在棉花种植面积方面稳居全球首位，但其皮棉产量相较我国却不占优势，尽管我国在棉花播种面积上远低于印度，但由于棉花单产较高，在皮棉总产量方面却与印度基本持平。

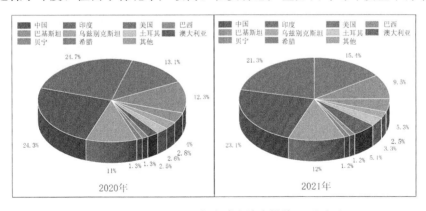

图 1-15　2020—2024 年全球皮棉产量前 10 位占比

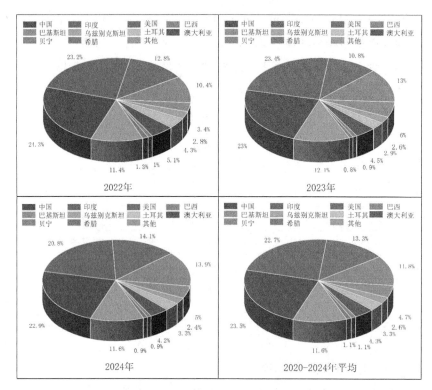

图1-15 2020—2024年全球皮棉产量前10位占比（续）

表1-13展示了排名前10位的国家2020—2024年皮棉产量在全球皮棉总产量中的占比情况。与表1-10对比可以发现，皮棉产量与籽棉产量相似，相对于棉花播种面积更加趋向于集中化，排名前10位的国家皮棉产量占比均保持在88.00％以上，其他60多个产棉国的皮棉产量均不足12％。

表1-13 2020—2024年全球皮棉产量前10位占比（％）

组别	皮棉产量占比				
	2020年	2021年	2022年	2023年	2024年
前10位总和	88.96	88.01	88.63	88.88	88.40
其他总和	11.04	11.99	11.37	12.12	11.60

1.2.4　全球棉花单产概况

表 1-14 列举了 2020—2024 年全球主要产棉国的单产情况。可见，只有澳大利亚和中国近五年平均棉花单产超过 2000 千克/公顷（合 133.797 千克/亩）。近五年平均单产超过 100 千克/亩的国家有澳大利亚、以色列、巴西、土耳其、墨西哥和中国，平均单产在 50～100 千克/亩的有阿塞拜疆、叙利亚等 12 个国家，其他产棉国的平均单产在 50 千克/亩以下。

表 1-14　2020—2024 年全球棉花单产概况

序号	国别	年度单产（千克/公顷）					
		2020 年	2021 年	2022 年	2023 年	2024 年	平均
1	澳大利亚	2217	2006	1943	2156	1979	2060.2
2	中国	2014	1882	2122	2065	2101	2036.8
3	以色列	1960	1742	2177	1742	1742	1872.6
4	土耳其	1804	1839	1922	1583	1796	1788.8
5	巴西	1802	1720	1595	1911	1874	1780.4
6	墨西哥	1532	1725	1720	1491	1583	1610.2
7	阿塞拜疆	1193	1007	1099	1042	1034	1075
8	叙利亚	1177	1161	1161	1161	1161	1164.2
9	吉尔吉斯斯坦	1149	1089	1034	1028	1089	1077.8
10	希腊	1104	1163	1238	1034	1197	1147.2
11	保加利亚	1089	1089	1089	1089	1089	1089
12	汤加	1089	0	0	0	0	217.8
13	西班牙	1001	980	766	377	990	822.8
14	南非	966	847	806	844	847	862
15	美国	957	919	1068	1008	946	979.6
16	秘鲁	943	1139	414	898	871	853
17	伊朗	871	871	977	762	871	870.4
18	巴拉圭	835	527	890	812	837	780.2
19	阿根廷	739	658	495	583	643	623.6
20	巴林	727	731	740	734	734	733.2
21	埃及	720	717	661	686	682	693.2
22	喀麦隆	658	606	563	587	587	600.2
23	乌兹别克斯坦	653	606	664	613	631	633.4

续表

序号	国别	年度单产（千克/公顷）					
		2020年	2021年	2022年	2023年	2024年	平均
24	苏丹	653	653	653	653	653	653
25	越南	653	653	653	653	653	653
26	缅甸	633	660	664	654	654	653
27	朝鲜	630	630	630	630	630	630
28	哥伦比亚	629	1361	1026	904	1005	985
29	爱沙尼亚	628	687	726	713	713	693.4
30	塔吉克斯坦	619	608	615	647	641	626
31	玻利维亚	544	653	544	544	544	565.8
32	尼加拉瓜	544	0	0	0	0	108.8
33	贝宁	513	483	418	446	446	461.2
34	科特迪瓦	494	486	236	411	463	418
35	塞内加尔	460	508	320	408	363	411.8
36	印度	451	428	443	449	439	442
37	哈萨克斯坦	448	467	584	558	526	516.6
38	巴基斯坦	445	653	472	608	622	560
39	菲律宾	435	435	435	435	435	435
40	泰国	435	435	435	435	435	435
41	委内瑞拉	435	435	435	435	435	435
42	洪都拉斯	435	0	0	0	0	87
43	阿富汗	428	451	435	435	435	436.8
44	加纳	406	406	406	406	406	406
45	马里	396	432	269	399	408	380.8
46	尼日尔	392	392	392	392	392	392
47	布基纳法索	372	351	273	313	317	325.2
48	乌干达	370	370	370	370	370	370
49	土库曼斯坦	368	356	356	356	356	358.4

续表

序号	国别	年度单产（千克/公顷）					
		2020 年	2021 年	2022 年	2023 年	2024 年	平均
50	安哥拉	363	363	363	363	363	363
51	也门	327	348	348	348	348	343.8
52	伊拉克	327	336	327	327	327	328.8
53	马达加斯加	327	327	327	327	327	327
54	危地马拉	327	0	0	0	0	65.4
55	几内亚	301	301	301	301	301	301
56	尼日利亚	282	282	282	282	282	282
57	多哥	272	295	297	333	333	306
58	中非共和国	263	231	231	231	231	237.4
59	马拉维	245	245	245	245	245	245
60	赞比亚	245	245	245	245	245	245
61	津巴布韦	222	191	195	195	195	199.6
62	印度尼西亚	218	435	435	435	435	391.6
63	阿尔巴尼亚	218	218	218	218	218	218
64	古巴	218	218	218	218	218	218
65	厄瓜多尔	218	218	218	218	218	218
66	韩国	218	218	218	218	218	218
67	斯里兰卡	218	218	218	218	218	218
68	哥斯达黎加	218	0	0	0	0	43.6
69	萨尔瓦多	218	0	0	0	0	43.6
70	摩纳哥	218	218	0	0	0	87.2
71	乍得	216	201	196	218	218	209.8
72	莫桑比克	200	200	200	200	200	200
73	坦桑尼亚	178	164	184	220	220	193.2
74	多米尼加	163	0	0	0	0	32.6
75	海地	156	156	156	156	156	156

序号	国别	年度单产（千克/公顷）					
		2020年	2021年	2022年	2023年	2024年	平均
76	索马里	127	127	127	127	127	127
77	刚果（布）	109	109	109	109	109	109
78	肯尼亚	109	109	109	109	109	109

1. 各洲棉花单产概况

表1-15按洲划分列举了各洲的近五年棉花单产概况。由于大洋洲仅澳大利亚和汤加两个主要产棉国，以1139千克/公顷（合75.93千克/亩）位居各洲之首，非洲单产最低。

表1-15　2020—2024年各洲际棉花单产概况

年份	洲际棉花单产（千克/公顷）					
	北美洲	大洋洲	非洲	南美洲	欧洲	亚洲
2020	732.6	1653	359.5	558.8	686.0	701.1
2021	801	1003	352.6	477.0	622.1	694.2
2022	762.8	971.5	318.5	413.8	576.7	725.0
2023	680.6	1078	344.2	481.3	490.1	689.1
2024	706.8	989.5	345.0	483.0	601.0	703.2
平均	736.76	1139.00	344.00	482.80	595.20	702.50

1.3　棉花品种

为了更好解决新疆棉花品种多乱杂现象，提高原棉品质一致性，提升自治区棉花质量，自治区棉花协会综合各地州棉花品种品质、产量、抗性、适应性和适宜机采等条件，通过公正科学筛选比对，提出推荐意见，为南疆早中熟棉区师市推荐5个品种，为北疆早熟棉区师市推荐10个品种，以帮助种植户科学选种、正确用种。向各师市推荐品种详细情况如表1-16所示。

表 1－16　2023 年新疆部分棉区推荐主栽品种

序号	推荐产区	推荐主栽品种
1	兵团第一师（阿拉尔市）	塔河 2 号、源棉 8 号
2	兵团第二师（铁门关市）	新陆中 38 号、新陆中 55 号
3	兵团第三师（图木舒克市）	塔河 2 号、新陆中 61 号
4	兵团第四师（可克达拉市）	中棉 113 号、新陆早 78 号
5	兵团第五师（双河市）	H33－1－4
6	兵团第六师（五家渠市）	中棉 113、惠远 720、H33－1－4
7	兵团第七师（胡杨河市）	Z1112、K07－12、金科 20
8	兵团第八师（石河子市）	新陆早 84 号、惠远 720、新陆早 80 号、新陆早 79 号
9	兵团第十师（北屯市）	中棉 113
10	兵团第十二师（乌鲁木齐市）	中棉 113
11	兵团第十三师（新星市）	塔河 2 号

表 1-17 列举了 2017—2023 年通过审定的棉花品种，累计新增棉花新品种 299 个，依次为 2017 年 33 个、2018 年 52 个、2019 年 23 个、2020 年 66 个、2021 年 25 个、2022 年 59 个、2023 年 28 个、2024 年 13 个（数据更新到 2024 年 7 月）。

表 1－17　2017—2023 年通过审定的棉花新品种

序号	年份	名称	品种权人
1	2017	湘杂棉 19 号	湖南省棉花科学研究所
2	2017	鲁 HB 标杂-5	山东棉花研究中心
3	2017	SJ48A	中国农业科学院棉花研究所
4	2017	日辉棉 6 号	安徽日辉生物科技有限公司
5	2017	苏远棉 3 号	江苏省农业科学院
6	2017	新陆早 54 号	新疆金宏祥高科农业股份有限公司
7	2017	GA01	中国农业科学院生物技术研究所
8	2017	GR26	中国农业科学院生物技术研究所
9	2017	南农 4626	南京农业大学

序号	年份	名称	品种权人
10	2017	伊陆早 6 号	新疆华天种业有限公司
11	2017	日辉棉 6 号	安徽日辉生物科技有限公司
12	2017	鑫秋 3 号	山东鑫秋种业科技有限公司
13	2017	伊陆早 6 号	新疆华天种业有限公司
14	2017	SJ48A	中国农业科学院棉花研究所
15	2017	ZBA1	中国农业科学院棉花研究所
16	2017	绿亿航天 1 号	安徽绿亿种业有限公司
17	2017	GA01	中国农业科学院生物技术研究所
18	2017	豫 068	河南省农业科学院
19	2017	新陆早 54 号	新疆金宏祥高科农业股份有限公司
20	2017	鲁 H498	山东棉花研究中心
21	2017	GR26	中国农业科学院生物技术研究所
22	2017	湘杂棉 23 号	湖南省棉花科学研究所
23	2017	XQ701	山东鑫秋种业科技有限公司
24	2017	苏远棉 3 号	江苏省农业科学院
25	2017	sGK 中 3017	中国农业科学院棉花研究所
26	2017	鲁 54	山东棉花研究中心
27	2017	农大 KZ05	河北农业大学
28	2017	新陆中 60 号	新疆生产建设兵团农业建设第一师农业科学研究所
29	2017	华惠 2 号	湖北惠民农业科技有限公司
30	2017	新海 38 号	李琴
31	2017	新陆中 62 号	张朝晖
32	2017	南农 309	南京农业大学
33	2017	新彩棉 25 号	中国彩棉（集团）股份有限公司
34	2018	湘杂棉 21 号	湖南省棉花科学研究所
35	2018	南农 4878	南京农业大学
36	2018	徐棉 21 号	江苏徐淮地区徐州农业科学研究所

序号	年份	名称	品种权人
37	2018	圣农 6H119	山东圣丰种业科技有限公司
38	2018	鑫秋 106	山东鑫秋种业科技有限公司
39	2018	新陆早 58 号	新疆生产建设兵团第七师农业科学研究所
40	2018	南农 215	南京农业大学
41	2018	南农 329	南京农业大学
42	2018	南农 319	南京农业大学
43	2018	南农 881	南京农业大学
44	2018	盐早 120	江苏沿海地区农业科学研究所
45	2018	锦 K0279	南京木锦基因工程有限公司
46	2018	A210A	中国农业科学院棉花研究所
47	2018	南农 4878	南京农业大学
48	2018	日辉棉 3 号	安徽日辉生物科技有限公司
49	2018	圣农 6H119	山东圣丰种业科技有限公司
50	2018	南农 329	南京农业大学
51	2018	通丰 114	南通大学
52	2018	华惠 4 号	湖北惠民农业科技有限公司
53	2018	851A	中国农业科学院棉花研究所
54	2018	中 9106	中国农业科学院棉花研究所
55	2018	南农 215	南京农业大学
56	2018	锦 K0209	南京木锦基因工程有限公司
57	2018	富杂棉 3 号	安徽省创富种业有限公司
58	2018	邯无 216	邯郸市农业科学院
59	2018	邯 8266	邯郸市农业科学院
60	2018	中棉所 100	中国农业科学院棉花研究所
61	2018	辽棉 25 号	辽宁省经济作物研究所
62	2018	湘杂棉 21 号	湖南省棉花科学研究所
63	2018	鑫秋 106	山东鑫秋种业科技有限公司

序号	年份	名称	品种权人
64	2018	中夏杂 06	中国农业科学院棉花研究所
65	2018	湘杂棉 21 号	湖南省棉花科学研究所
66	2018	圣农 6H119	山东圣丰种业科技有限公司
67	2018	鑫秋 106	山东鑫秋种业科技有限公司
68	2018	锦 K0219	南京木锦基因工程有限公司
69	2018	日辉棉 3 号	安徽日辉生物科技有限公司
70	2018	山农 SF06	山东圣丰种业科技有限公司
71	2018	中棉所 76	中国农业科学院棉花研究所
72	2018	鲁 7619	山东棉花研究中心
73	2018	盐棉 216	江苏沿海地区农业科学研究所
74	2018	农大棉 10 号	河北农业大学
75	2018	鄂棉 ZY6	湖北省农业科学院经济作物研究所
76	2018	冀丰 1982	河北省农林科学院粮油作物研究所
77	2018	百棉 5 号	河南科技学院
78	2018	皖 D404	安徽省农业科学院棉花研究所
79	2018	邯 258	邯郸市农业科学院
80	2018	欣杂 16	河间市国欣农村技术服务总会
81	2018	欣杂 15	河间市国欣农村技术服务总会
82	2018	欣试 71143	河间市国欣农村技术服务总会
83	2018	辽棉 31	辽宁省经济作物研究所
84	2018	周棉 8 号	周口市农业科学院
85	2018	子鼎 9 号	山西省农业科学院棉花研究所
86	2019	邯 818	邯郸市农业科学院
87	2019	中棉所 110	中国农业科学院棉花研究所
88	2019	中棉所 3018	中国农业科学院棉花研究所
89	2019	冀棉 315	河北省农林科学院棉花研究所
90	2019	鲁 8H29	山东棉花研究中心

续表

序号	年份	名称	品种权人
91	2019	邯 218	邯郸市农业科学院
92	2019	衡优 12	河北省农林科学院旱作农业研究所
93	2019	豫棉 50	河南省农业科学院经济作物研究所
94	2019	中棉所 99	中国农业科学院棉花研究所
95	2019	邯 6203	邯郸市农业科学院
96	2019	百棉 985	河南科技学院
97	2019	鲁棉 241	山东棉花研究中心
98	2019	鲁 H424	山东棉花研究中心
99	2019	苏棉 29	江苏沿海地区农业科学研究所
100	2019	苏杂 208	江苏省农业科学院
101	2019	泗棉 6821	江苏省泗棉种业有限责任公司
102	2019	通科棉 1 号	南通科技职业学院
103	2019	EZ9	湖北省农业科学院经济作物研究所
104	2019	邯 M263	邯郸市农业科学院
105	2019	邯 6305	邯郸市农业科学院
106	2019	邯 6382	邯郸市农业科学院
107	2019	鲁杂 311	山东棉花研究中心
108	2019	ZHM19	湖南省棉花科学研究所
109	2020	鲁棉 691	山东棉花研究中心
110	2020	鲁杂 2138	山东棉花研究中心
111	2020	K2725	新疆合信科技发展有限公司
112	2020	聊棉 15 号	聊城市农业科学研究院
113	2020	金垦杂 1062	新疆农垦科学院棉花研究所
114	2020	鲁棉 1141	山东棉花研究中心
115	2020	运 B259	山西省农业科学院棉花研究所
116	2020	鲁棉 1127	山东棉花研究中心
117	2020	湘 K27	湖南省棉花科学研究所

续表

序号	年份	名称	品种权人
118	2020	中棉 9101	中国农业科学院棉花研究所
119	2020	湘 K645	湖南省棉花科学研究所
120	2020	中棉所 96A	中国农业科学院棉花研究所
121	2020	鲁棉 1131	山东棉花研究中心
122	2020	冀 172	河北省农林科学院棉花研究所
123	2020	邯棉 5019	邯郸市农业科学院
124	2020	湘 K26	湖南省棉花科学研究所
125	2020	中棉所 96B	中国农业科学院棉花研究所
126	2020	中棉 9934	中国农业科学院棉花研究所
127	2020	湘 K645	湖南省棉花科学研究所
128	2020	金垦杂 1062	新疆农垦科学院棉花研究所
129	2020	金垦 1565	新疆农垦科学院棉花研究所
130	2020	冀 968	河北省农林科学院棉花研究所
131	2020	冀 172	河北省农林科学院棉花研究所
132	2020	鲁棉 691	山东棉花研究中心
133	2020	中棉 9421	中国农业科学院棉花研究所
134	2020	金垦 1442	新疆农垦科学院
135	2020	邯棉 5019	邯郸市农业科学院
136	2020	金垦 1402	新疆农垦科学院棉花研究所
137	2020	冀杂 287	河北省农林科学院棉花研究所
138	2020	湘 X1251	湖南省棉花科学研究所
139	2020	新陆早 72 号	新疆惠远种业股份有限公司
140	2020	瑞杂 818	济南鑫瑞种业科技有限公司
141	2020	瑞棉 1 号	济南鑫瑞种业科技有限公司
142	2020	新陆早 68 号	新疆农垦科学院
143	2020	创棉 50 号	创世纪种业有限公司
144	2020	华惠 116	创世纪种业有限公司

序号	年份	名称	品种权人
145	2020	新陆早 66 号	奎屯万氏棉花种业有限责任公司
146	2020	GB819	中国农业科学院棉花研究所
147	2020	新陆早 72 号	新疆惠远种业股份有限公司
148	2020	新陆中 73 号	新疆农业科学院经济作物研究所
149	2020	新陆中 76 号	新疆农业科学院经济作物研究所
150	2020	新陆中 77 号	新疆农业科学院经济作物研究所
151	2020	新陆早 70 号	新疆石河子农业科学研究院棉花研究所
152	2020	冀石 265	石家庄市农林科学研究院
153	2020	湘 X1251	湖南省棉花科学研究所
154	2020	聊棉 6 号	聊城市农业科学研究院
155	2020	通謇 1 号	南通大学
156	2020	中 MB11167	中国农业科学院棉花研究所
157	2020	冀农大 23 号	河北农业大学
158	2020	冀农大棉 25 号	河北农业大学
159	2020	源棉 1 号	新疆农业科学院经济作物研究所
160	2020	瑞杂 818	济南鑫瑞种业科技有限公司
161	2020	瑞棉 1 号	济南鑫瑞种业科技有限公司
162	2020	瑞杂 817	济南鑫瑞种业科技有限公司
163	2020	源棉 34 号	新疆农业科学院经济作物研究所
164	2020	创棉 45 号	创世纪种业有限公司
165	2020	GB819	中国农业科学院棉花研究所
166	2020	德棉 10 号	德州市农业科学研究院
167	2020	鲁棉 2632	山东棉花研究中心
168	2020	源棉新 13305	新疆农业科学院经济作物研究所
169	2020	欣试 518	新疆农业科学院经济作物研究所
170	2020	九棉 27	九圣禾种业股份有限公司
171	2020	德棉 16 号	德州市农业科学研究院

续表

序号	年份	名称	品种权人
172	2020	华 M2	湖北华之夏种子有限责任公司
173	2020	邯棉 6101	邯郸市农业科学院
174	2020	鲁棉 2387	山东棉花研究中心
175	2021	新 78	新疆农业科学院经济作物研究所
176	2021	鲁棉 258	山东棉花研究中心
177	2021	新石 K24	石河子农业科学研究院
178	2021	鲁棉 1161	山东棉花研究中心
179	2021	创棉 512	创世纪种业有限公司
180	2021	新海 59 号	新疆巴音郭楞蒙古自治州农业科学研究院
181	2021	ZD2040	湖北省农业科学院经济作物研究所
182	2021	冀杂 269	河北省农林科学院棉花研究所
183	2021	创棉 508	创世纪种业有限公司
184	2021	H39012	新疆巴音郭楞蒙古自治州农业科学研究院
185	2021	中棉 9213	中国农业科学院棉花研究所
186	2021	中棉所 99001	中国农业科学院棉花研究所
187	2021	中棉 9213	中国农业科学院棉花研究所
188	2021	鲁棉 258	山东棉花研究中心
189	2021	湘 XH50	湖南省棉花科学研究所
190	2021	冀棉 126	河北省农林科学院棉花研究所
191	2021	鲁棉 696	山东棉花研究中心
192	2021	冀棉 803	河北省农林科学院棉花研究所
193	2021	H163	新疆巴音郭楞蒙古自治州农业科学研究院
194	2021	中棉 612	中棉种业科技股份有限公司
195	2021	太优棉 1 号	太仓市农业技术推广中心
196	2021	金垦 1441	新疆农垦科学院
197	2021	创 1010	创世纪种业有限公司
198	2021	中杂棉 108	中棉种业科技股份有限公司

序号	年份	名称	品种权人
199	2021	冀棉 521	河北省农林科学院棉花研究所
200	2022	新陆早 57 号	新疆农业科学院经济作物研究所
201	2022	sGK 中 35	中国农业科学院棉花研究所
202	2022	冀农大棉 24 号	河北农业大学
203	2022	新陆中 78 号	新疆农业科学院经济作物研究所
204	2022	玉君 6 号	山东省博兴县金种子有限公司
205	2022	豫棉 54	河南省农业科学院经济作物研究所
206	2022	中 1618	中国农业科学院棉花研究所
207	2022	百棉 9 号	河南科技学院
208	2022	新陆中 80 号	新疆农业科学院经济作物研究所
209	2022	新陆中 83 号	新疆农业科学院经济作物研究所
210	2022	新陆中 84 号	新疆农业科学院经济作物研究所
211	2022	皖棉研 1318	安徽省农业科学院棉花研究所
212	2022	邯棉 10 号	邯郸市农业科学院
213	2022	银兴棉 28	山东银兴种业股份有限公司
214	2022	邯 R4087	邯郸市农业科学院
215	2022	中棉所 94A213	中国农业科学院棉花研究所
216	2022	中棉所 94A361	中国农业科学院棉花研究所
217	2022	陇棉 16 号	甘肃省农业科学院作物研究所
218	2022	辽棉 34	辽宁省经济作物研究所
219	2022	辽棉 35	辽宁省经济作物研究所
220	2022	辽棉 37	辽宁省经济作物研究所
221	2022	Z1112	新疆生产建设兵团第七师农业科学研究所
222	2022	荆棉 93	荆州农业科学院
223	2022	冀农大 29 号	河北农业大学
224	2022	衡棉 338	河北省农林科学院旱作农业研究所
225	2022	衡棉 568	河北省农林科学院旱作农业研究所

续表

序号	年份	名称	品种权人
226	2022	衡棉 121	河北省农林科学院旱作农业研究所
227	2022	新科棉 6 号	河南省新乡市农业科学院
228	2022	棕 234	中国彩棉（集团）股份有限公司
229	2022	棕 1342	中国彩棉（集团）股份有限公司
230	2022	棕 1192	中国彩棉（集团）股份有限公司
231	2022	棕 1496	中国彩棉（集团）股份有限公司
232	2022	MH335223	中国农业科学院棉花研究所
233	2022	冀丰 1458	河北省农林科学院粮油作物研究所
234	2022	鲁棉 522	山东棉花研究中心
235	2022	鲁棉 424	山东棉花研究中心
236	2022	鲁棉 411	山东棉花研究中心
237	2022	鲁棉 1157	山东棉花研究中心
238	2022	新石 K25	中国农业科学院棉花研究所
239	2022	彩长 6006	中国彩棉（集团）股份有限公司
240	2022	棕 2395	中国彩棉（集团）股份有限公司
241	2022	棕 2478	中国彩棉（集团）股份有限公司
242	2022	彩长 6115	中国彩棉（集团）股份有限公司
243	2022	新海 60 号	新疆农业科学院经济作物研究所
244	2022	新农棉 2 号	新疆农业科学院经济作物研究所
245	2022	鲁棉 378	山东棉花研究中心
246	2022	中棉所 115	中国农业科学院棉花研究所
247	2022	CRIZ140204	中国农业科学院棉花研究所
248	2022	CRIZ140201	中国农业科学院棉花研究所
249	2022	中棉所 109	中国农业科学院棉花研究所
250	2022	百棉 15	河南科技学院
251	2022	新石 K28	中国农业科学院棉花研究所
252	2022	湘 X1067	湖南省棉花科学研究所

续表

序号	年份	名称	品种权人
253	2022	新石 K26	中国农业科学院棉花研究所
254	2022	邯棉 3022	邯郸市农业科学院
255	2022	邯棉 3008	邯郸市农业科学院
256	2022	邯棉 1091	邯郸市农业科学院
257	2022	泗棉 686	宿迁市农业科学研究院
258	2022	金农 969	石家庄市农林科学研究院
259	2023	国欣棉 25	河间市国欣农村技术服务总会
260	2023	国欣棉 18 号	河间市国欣农村技术服务总会
261	2023	中生棉 2 号	中国农业科学院生物技术研究所
262	2023	湘 X1107	湖南省棉花科学研究所
263	2023	鲁棉 1165	山东棉花研究中心
264	2023	鲁杂 1168	山东棉花研究中心
265	2023	鲁杂 1167	山东棉花研究中心
266	2023	国欣棉 26	河间市国欣农村技术服务总会
267	2023	国欣棉 27	河间市国欣农村技术服务总会
268	2023	中棉所 9708	中国农业科学院棉花研究所
269	2023	中棉所 9711	中国农业科学院棉花研究所
270	2023	中棉所 9713	中国农业科学院棉花研究所
271	2023	CRIZ140206	中国农业科学院棉花研究所
272	2023	新棉 144	新疆农业大学
273	2023	中棉所 9705	中国农业科学院棉花研究所
274	2023	湘 K18	湖南省棉花科学研究所
275	2023	湘 S013	湖南省棉花科学研究所
276	2023	新农大棉 4 号	新疆农业大学
277	2023	中 6913	中国农业科学院棉花研究所
278	2023	中棉所 100902	中国农业科学院棉花研究所
279	2023	GB821	中国农业科学院棉花研究所

续表

序号	年份	名称	品种权人
280	2023	Z1146	新疆生产建设兵团第七师农业科学研究所
281	2023	衡棉 1670	河北省农林科学院旱作农业研究所
282	2023	鲁棉 238	山东棉花研究中心
283	2023	湘 K28	湖南省棉花科学研究所
284	2023	中棉 001	中国农业科学院棉花研究所
285	2023	中棉 259	新疆中棉种业有限公司
286	2023	中棉 218	新疆中棉种业有限公司
287	2024	金垦 1903	新疆农垦科学院
288	2024	金垦 1947	新疆农垦科学院
289	2024	新垦 M2001	新疆农垦科学院
290	2024	新垦 M2061	新疆农垦科学院
291	2024	华新 103	石河子大学
292	2024	新石 K37	石河子农业科学研究院
293	2024	新陆棉 3 号	新疆农业科学院经济作物
294	2024	硕丰 15025	新疆硕丰种业有限公司
295	2024	新塔棉 11 号	新疆塔里木河种业股份有限公司
296	2024	冀棉 30	襄阳市农业科学院
297	2024	特璞棉 118	新疆中农优棉棉业有限公司
298	2024	丰德棉 12	淮南绿亿农业科技研究所
299	2024	源创 99	石河子市源创众诚农业科技有限责任公司

数据来源：中华人民共和国农业农村部①②③④。

---

① 中华人民共和国农业部公告第 2547 号．中华人民共和国农业部［EB/OL］．http：/
www. zys. moa. gov. cn/gzdt/201707/t20170712 _ 6313563. htm，2017.6.29.

② 中华人民共和国农业农村部公告第 65 号．中华人民共和国农业农村部［EB/OL］．http：/
www. moa. gov. cn/nybgb/2018/201810/201812/t20181218 _ 6165104. htm，2018.10.20.

③ 中华人民共和国农业农村部公告第 224 号．中华人民共和国农业农村部［EB/OL］．http：/
www. zys. moa. gov. cn/gsgg/201911/t20191104 _ 6331055. htm，2019.10.31.

④ 中华人民共和国农业农村部公告第 360 号．中华人民共和国农业农村部［EB/OL］．http：/
www. zzj. moa. gov. cn/gsgg/202012/t20201202 _ 6357482. htm，2020.11.26.

1.4　小　结

　　本章主要由安徽财经大学周万怀老师主笔撰写，李庆旭、李浩老师负责协助数据搜集和分析。文中所采用的数据均来自联合国粮食及农业组织（Food and Agriculture Organization of the United Nations，FAO）以及农业农村部等官方权威数据。由于棉花年度的特殊性，截至撰写时部分数据仅更新到 2020 年，特此说明。这里对本章中的数据来源单位和对内容起到帮助作用的引文作者及相关单位表示衷心的感谢！

第 2 章　棉花消费与贸易报告

2.1　棉花进出口贸易

棉花是重要的国际贸易商品，全球参与棉花进出口的国家超过 150 个。在 20 世纪 80 年代初，棉花贸易量约占世界棉花产量的 30%，随后逐渐上升，到 21 世纪初，棉花贸易量占世界棉花产量的近 40%。

2.1.1　全球棉花供应和分配状况

从全球棉花的供应和分配（表 2-1）的变化来看，全球棉花的生产和消费基本保持了增长的态势，但棉花产量在年度间的波动较大，而消费则基本呈增长趋势。棉花的库存起到了调节年度之间供需平衡的重要作用。

表 2-1　全球棉花供应和分配状况

年度	产量（万吨）	进口量（万吨）	出口量（万吨）	消费量（万吨）	期末库存（万吨）	库存消费比（%）
2015/2016	2093.70	777.71	760.92	2465.12	1965.57	80
2016/2017	2322.62	824.61	829.36	2531.42	1747.54	69
2017/2018	2698.91	904.67	907.71	2675.35	1765.66	66
2018/2019	2581.82	923.91	904.69	2622.97	1742.82	66
2019/2020	2643.13	886.99	897.72	2238.64	2137.14	95
2020/2021	2447.70	1068.60	893.90	2591.22	1998.32	77
2021/2022	2546.11	971.90	1056.30	2649.51	1805.91	68
2022/2023	2568.39	942.27	983.40	2386.43	2045.50	86

续表

年度	产量（万吨）	进口量（万吨）	出口量（万吨）	消费量（万吨）	期末库存（万吨）	库存消费比（%）
2023/2024	2543.91	942.27	1033.80	2531.11	2057.82	81
2024/2025	2616.74	978.69	978.69	2551.58	1798.99	71

注：（1）此处采用的是棉花年度，从当年的 8 月 1 日算到次年的 7 月 31 日；（2）库存消费比＝期末库存/消费量；（3）2024/2025 年度为预测值。

（资料来源：美国农业部. https://www.usda.gov/）

全球棉花库存在 20 世纪 70 年代和 80 年代前半期，基本稳定在 500 万吨左右，随后一直到 90 年代中期稳定在 1000 万吨以内，自 20 世纪 90 年代中期以来，全球棉花的库存上升到 1000 万吨以上，库存消费比在 50% 左右，相对处于较高的水平。2011 年以后全球棉花库存大幅度上升，2011/2012 年度的期末库存达到 1568.38 万吨，2014/2015 年度上升到 2325.95 万吨，之后呈回落趋势，到 2018/2019 年度下降到了 1742.82 万吨，2019/2020 年度又大幅上升至 2137.14 万吨，之后两年又小幅度回落，2021/2022 年度回落至 1805.91 万吨。近两年又出现小幅上升，2023/2024 年度的期末库存达到 2057.82 万吨。近年的库存消费比达到非常高的水平，几乎都超过 50%，个别年度高达 95%，快接近于 100%。全球棉花库存近年来大幅度提高的主要原因是，中国从 2011 年到 2014 年实行棉花临时收储政策，以远远高于国际棉花价格的收储价格，对国内生产的棉花进行收储。

2.1.2　全球棉花的贸易规模

根据美国农业部的统计数据，20 世纪 60 年代以来全球棉花的贸易基本呈递增趋势，近 50 年来，棉花的出口量增长了一倍多。2000/2001 年度全球棉花出口590.60 万吨，2013/2014 年度增长到 1009.37 万吨，随后开始下降，2015/2016 年度达到最低值，为 760.92 万吨，之后又呈波动回升，2024/2025 年度为 970.85 万吨，详情如图 2-1 所示。

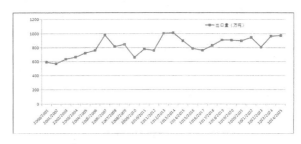

注：2024/2025年度为预测值。

图2-1　2000年以来世界棉花出口总量

（资料来源：美国农业部）

2.1.3　主要国家的棉花贸易

对于一个具体国家来说，消费（C）－生产（Q）＝进口（M）－出口（E），等号左边表示国内供需关系，右边表示棉花贸易。当C>Q时表现为过量需求，反之表现为过量供给；M>E时为净进口，反之为净出口。表2-2列出了棉花进出口位居前列的国家的基本情况。根据美国农业部数据，在棉花进口方面，世界前七大进口国分别为中国、孟加拉国、越南、巴基斯坦、土耳其、印度尼西亚、印度；在棉花出口方面，世界前七大棉花出口国分别为美国、巴西、印度、澳大利亚、希腊、贝宁、马里。

表2-2　主要国家的棉花进出口情况

国家	棉花进口量（万吨）				
	2020/2021年度	2021/2022年度	2022/2023年度	2023/2024年度	2024/2025年度
中国	280.00	185.10	228.60	322.23	261.27
孟加拉国	190.50	180.70	191.60	161.12	174.18
越南	159.20	156.80	163.30	148.05	154.58
巴基斯坦	115.90	100.20	108.90	58.79	80.56
土耳其	116.00	120.80	108.90	76.20	102.33
印度尼西亚	50.20	55.50	54.40	39.73	43.54
印度	18.40	26.10	37.00	19.60	32.66
其他	138.30	146.70	141.20	116.55	129.57
总计	1068.60	971.90	1033.90	942.27	978.69

国家	棉花出口量（万吨）				
	2020/2021 年度	2021/2022 年度	2022/2023 年度	2023/2024 年度	2024/2025 年度
美国	337.70	356.40	321.10	315.70	283.04
巴西	194.60	239.80	172.00	213.40	272.16
印度	29.60	34.10	95.80	124.10	41.37
澳大利亚	69.70	134.80	93.60	87.10	117.57
希腊	21.10	30.50	32.70	33.20	21.77
贝宁	25.60	13.10	28.30	30.50	21.77
马里	31.90	35.50	30.50	28.30	28.30
其他	183.60	212.20	209.40	201.50	192.71
总计	893.90	1056.30	983.40	1033.80	978.69

注：此处采用的是棉花年度，从当年的 8 月 1 日算到次年的 7 月 31 日。

（资料来源：美国农业部）

2.1.4　中国棉花贸易

自中华人民共和国成立以来，中国的棉花产业快速发展，在国际上的地位逐渐提高，逐渐成为数一数二的棉花生产大国。自从加入 WTO 后，我国的棉花产业发展发生了巨大的变化，不仅是棉花生产大国，同时也是棉花消费大国。从目前的情况来看，中国的棉花供应和需求之间存在较大的缺口，本土的棉花产量已经难以满足市场需求，逐渐成为世界上最大的棉花进口国，虽然也有部分棉花出口，但占比非常小。

1. 棉花进口

国家统计局统计数据显示（图 2-2），可以看出，2006 年进口量达到 364 万吨、进口额为 48.7 亿美元；随后，由于受到 2008 年国际金融危机的影响，棉花进口量出现短期下调，2009 年触底为 153 万吨，进口额为 21.1 亿美元；从 2010 年开始棉花进口量出现较大增长，2012 年达到最大量，为 513 万吨，进口额为 118 亿美元；随后又出现一定的回落，到 2016 年又开始回升，2022 年进口数量为 194 万吨，进口额为 52.5 亿美元。

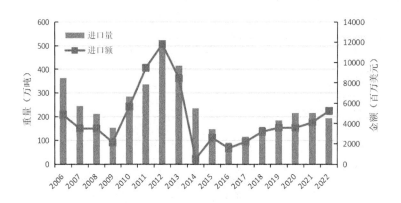

图 2-2　中国棉花进口量及金额

（数据来源：国家统计局）

2. 棉花出口

长期以来，中国一直占居世界最大棉花消费国的地位，加入 WTO 以后，虽然中国每年也有部分棉花出口，但出口量远远低于进口量。国家统计局的数据资料显示（图 2-3），2006—2019 年，中国的棉花出口量呈波动性缓慢增长，到 2019 年出现了稍大幅度的增长，年出口量超过 5 万吨，但 2020 年出现了大幅度下降，为0.95 万吨。2022 年又出现大幅增长，为 3.37 万吨。

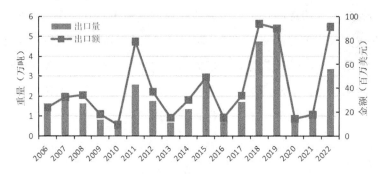

图 2-3　中国棉花出口量及金额

（2006—2019 年度数据来源：国家统计局；

2020—2022 年度数据来源：联合国粮食及农业组织①）

①　https://www.fao.org/.

2.1.5　影响中国棉花进口的主要因素

影响中国棉花进口的因素主要有国内的棉花生产能力、生产量和安全成本以及供需缺口，而具体如何进口则与国家的棉花贸易政策密切相关。

1. 棉花生产能力的提高受到资源的约束

我国棉花的生产能力主要受到耕地和水资源、资本、劳动、技术等要素的投入能力影响。首先，中国国土辽阔，但人多地少，耕地后备资源严重不足。同样，中国的水资源总量丰富，但人均占有量较低，分布不均且季节性强，非常不利于棉花生产能力的提高。其次，就农业生产技术而言，虽然我国对于棉花生产在技术方面的投入力度不断加大，但同美国等发达国家相比，技术仍然相对落后，生产的棉花质量相对较低，难以满足对于高品质的棉花需求。

2. 棉花生产成本较高

中国自 1999 年以后，棉花产业在国际市场上的比较优势已经基本丧失，棉花产业处于劣势地位，其主要原因是生产成本居高不下。中国的棉花生产成本与美国相比，始终较高并且差距较大。由于美国已实现了棉花生产全程机械化，而中国仍处于半机械化时代，劳动力投入较大，从而使生产成本居高不下。

3. 刚性需求不断增加

中国是棉纺织品生产和消费大国。棉花是重要的纺织原料，根据美国农业部的数据，2023/2024 年度中国的棉花消费量达到 805.6 万吨。中国消费者生活水平和可支配收入的提高、人口的增长以及城镇化的不断推进，都在一定程度上提高了国内市场对纺织品的需求。

4. 棉花品质差异大

随着国民可支配收入和消费水平的提高，国内市场对高端棉纺织品的需要日益增长，推动了对高品质棉花需求的增长。而本土棉花生产在种植、运输和加工等各个环节都存在一定程度的问题，在国际市场上的竞争力不足。尤其是近年来，国产棉花的整体质量还有所下降，主要体现为一致性较差、短绒率高、马克隆值高以及三丝多等问题。

5. 政策性因素的影响

由于国内市场对棉花的需求比较大，棉花被列为战略资源加以保护。自从加入WTO 以来，针对棉花进口中国采取了关税配额措施进行调控。从 2005 年开始，中国开始对棉花配额外的进口棉实施滑准税政策，其目标是调节棉花的进口价格，减少国际市场价格波动带来的影响，从而稳定国内市场的棉花价格。为了稳定棉花生产及市场价格、保护国内棉农的经济利益、保证市场供应等，中国从 2011 年到 2013 年连续 3 年实行了棉花临时收储制度。从 2014 年开始，中国又对新疆地区实行了棉花目标价格补贴政策。2017 年，中华人民共和国国家发展和改革委员会提出从 2017 年起在新疆深化棉花目标价格改革，对打造新疆优质棉花生产基地，稳定棉农种棉积极性，提升国内棉花产业竞争力，促进棉纺织产业健康发展起到了积极的推动作用。中国的棉花去库存政策是从 2014 年开始的，其标志是 2014 年储备棉轮出政策的出台，在棉花种植面积下降、产量下滑、进口配额不增发的情况下，中国棉花去库存政策的实施效果显著。除了以上政策的影响之外，中国在三省一区实施的玉米临时收储政策也对中国棉花的进口产生了间接影响。

2.2 棉花价格

2.2.1 国际棉花价格变动

全球棉花价格的变动受多种因素的影响，包括世界棉花产量、消费量、经济景气程度、气候状况、战争、化纤的价格等，而且棉花的品种以及品质也会影响到棉花的价格。各个国家（如中国、美国等）实施的补贴政策也会对棉花价格产生一定的影响。

国际棉花价格指数可以反映国际棉花综合报价水平。国际棉花价格变动情况如图 2-4 所示。可以看出，2005 年以来国际棉花价格波动幅度较大。年度价格由 2005 年的 54.24 美分/磅[①]上涨到 2008 年的 71.32 美分/磅，2009 年出现了一定幅度的下降，为 62.87 美分/磅，随后又出现了大幅度的上升，2011 年达到了最高位，为 154.4 美分/磅，而后几年又呈下降趋势，2015 年降到 70.39 美分/磅，随后又小幅度呈上升趋势，2018 年达到 91.41 美分/磅，2019 年和 2020 年呈小幅下降趋势，之后又大幅度上升，2022 年上升到 136.99 美分/磅，2023 年又出现了一定幅度的下降，降到 95.68 美分/磅。

---

① 磅为美制重量单位，1 磅约为 0.45 千克。

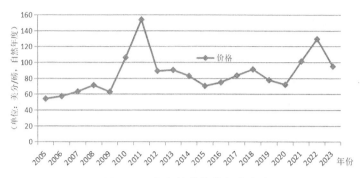

图 2-4　国际棉花价格年度变动

（数据来源：Cotlook）

2.2.2　中国棉花价格变动

中国棉花协会统计数据显示（图 2-5），2013 年以来，中国棉花价格变动较大，整体上呈下降趋势，到 2015 年，CCIndex2129B、CCIndex3128B、CCIndex2227B 分别降到 13895 元/吨、13235 元/吨和 12166 元/吨；随后又呈现一定幅度的上升，到 2018 年分别为 16487 元/吨、15879 元/吨和 14817 元/吨；从 2019 年开始又呈现下降趋势，到 2020 年分别为 13250 元/吨、12929 元/吨和 12078 元/吨；2021 年又出现一定幅度的上升，到 2022 年，分别达到 19220 元/吨、18803 元/吨和 17265 元/吨；2023 年又出现了一定幅度的下降，分别为 16411 元/吨、16138 元/吨和 14755 元/吨。中国棉花价格的变动一方面受到供求关系变化的影响，另一方面也受国际棉花价格变动和国家的补贴政策的影响。对比图 2-5 可以看出，国内棉花价格变动和 2013 年以后国际棉花价格变动十分相近。

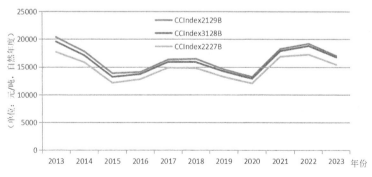

图 2-5　中国棉花价格（新标准）年度变动

（数据来源：中国棉花协会）

2.2.3　中国棉花进口价格变动

这里使用中国棉花进口价格来代表进口棉花价格变动趋势。中国棉花进口价格指数是中国棉花价格体系的重要组成部分之一，该体系由中国棉花协会、全国棉花交易市场、英国 Cotlook 公司三方共同发起，可以反映进口棉花到中国的综合报价水平。图 2-6 为中国进口棉花价格变动情况。

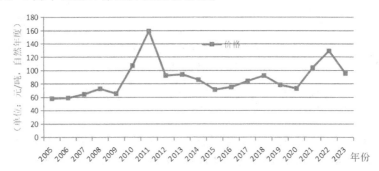

图 2-6　中国进口棉花价格年度变动

（数据来源：中国棉花协会）

可以看出，2005 年以来中国棉花进口价格与国际棉花价格变动趋势相近（图 2-4），价格波动幅度较大，年度价格由 2005 年的 58.08 美分/磅上涨到 2008 年的 72.63 美分/磅；2009 年出现了一定幅度的下降，为 65.41 美分/磅，随后又出现了大幅度的上升，2011 年达到了最高位，为 159.21 美分/磅；而后几年又呈下降趋势，2015 年下降到 71.27 美分/磅，随后 5 年又小幅度呈波动上升趋势，从 2020 年起又出现大幅度上升趋势，到 2022 年上升到 137.28 美分/磅，然而，2023 年又出现了一定幅度的下降，降到 95.74 美分/磅。

全球棉花价格的变动受多种因素的影响，但影响棉花价格的主要因素仍然是供求关系的变化。由于中国棉花产量在国际棉花市场有着举足轻重的地位，"中国因素"也成为影响国际棉花价格走势的重要因素，中国棉花的生产量及进口量对世界棉花价格变动影响较大。

2.3　棉花仓储

2.3.1　全球棉花库存的变化

当前全球棉花期末库存排在前七位的国家分别为中国、巴西、印度、澳大利亚、美国、土耳其和巴基斯坦（见表 2-3）。

表 2-3　近五年来主要国家的棉花期末库存情况

国家	期末库存（千吨）				
	2019/2020 年度	2020/2021 年度	2021/2022 年度	2022/2023 年度	2023/2024 年度
中国	791.30	822.90	839.60	848.90	841.30
巴西	313.60	242.10	257.70	345.10	349.90
印度	341.50	259.90	187.20	252.50	259.00
澳大利亚	26.10	54.60	108.00	94.50	89.90
美国	157.90	68.60	81.60	70.80	82.70
土耳其	60.20	59.00	60.20	78.50	65.40
巴基斯坦	69.70	47.40	41.90	32.70	46.80
其他	384.00	325.00	297.00	322.60	322.80
总计	2144.20	1879.40	1873.20	2045.50	2057.80

注：2023/2024 年度为预测值。

（数据来源：美国农业部）

美国农业部统计数据显示，全球棉花库存在 20 世纪 70 年代和 80 年代前半期，基本稳定在 500 万吨左右，而从 80 年代中期开始快速上升，达到 1000 万吨，随后一直到 90 年代中期基本稳定在 1000 万吨以内；1998 年以后，棉花库存开始超过 1000 万吨，其中 2011—2014 年棉花库存增长较快，2011 年棉花库存为 1569 万吨。2011 年之前大部分年份棉花生产量小于消费量，2011 年之后棉花产量超过消费量，超出 503 万吨。尽管随后这种差距在逐渐缩小，但 2014/2015 年度仍然超出 152 万吨，这推高了全球棉花库存的最高水平，达到了 2324 万吨。随后全球棉花库存出现一定幅度的波动性降低，2023/2024 年度全球库存约为 2057.80 万吨（见图 2-7）。

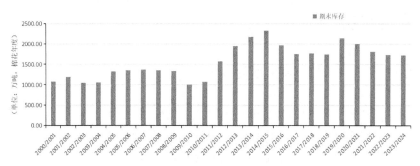

图 2-7　全球棉花期末库存变化

（注：2023/2024 年度为预测值）

（数据来源：美国农业部）

2.3.2　中国棉花库存的变化

我国棉花期末库存变化情况如图 2-8 所示。2010 年之前，中国的棉花期末库存基本稳定在 400 万吨左右，从 2011 年开始中国棉花期末库存大幅度上升，到 2014 年达到 1446 万吨，处于最高水平，这是因为中国从 2011 年开始实行了棉花临时收储政策，以远远高于国际价格的棉花收储价格，对国内生产的棉花进行收储，使得库存量大幅增加。2014 年之后，中国棉花期末库存量开始出现一定幅度的下降，到 2017 年降到 999 万吨。因为中国从 2014 年开始取消了棉花临时收储政策，并施行了一系列去库存策略。由此也引起了全球棉花库存的大幅降低，2018—2023 年，基本维持在 800 万吨左右。

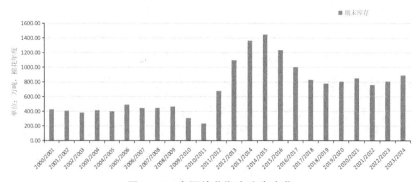

图 2-8　中国棉花期末库存变化

（注：2023/2024 年度为预测值）

（数据来源：美国农业部）

2.4　棉花消费

2.4.1　全球棉花消费的变化

从 20 世纪 40 年代以来，全球的棉花消费以平均 2% 的速度增长，其中 50 年代和 80 年代棉花消费增长速度较快，50 年代的消费增长率达到 4.6%，80 年代的消费增长率也达到 3%。发展中国家是棉花消费增长较快的地区。根据 ICAC 的数据，1981—1999 年，发展中国家的棉花消费占全球棉花消费的 78%，而 2000 年以后则超过了 80%，2010 年以后达到 94%。表 2-4 为全球主要棉花消费国家的棉花消费量。可以看出，棉花消费向发展中国家转移，主要是因为纺织业属于劳动密集型产业，纺织业中劳动力成本占产品成本的 1/6，发展中国家的劳动力成本低，竞争力强于发达国家纺织品产业。

表 2-4　全球主要棉花消费国家的棉花消费量

国家	棉花消费量（万吨）				
	2019/2020 年度	2020/2021 年度	2021/2022 年度	2022/2023 年度	2023/2024 年度
中国	740.30	892.70	734.80	794.70	805.60
印度	446.30	566.10	544.30	511.70	533.40
巴基斯坦	206.80	237.30	233.00	187.20	217.70
孟加拉国	152.40	185.10	185.10	156.80	174.20
土耳其	143.70	167.60	189.40	158.90	172.00
越南	143.70	158.90	145.90	140.40	152.40
巴西	58.80	67.50	71.80	69.70	71.80
其他	377.40	409.20	421.30	370.50	408.20
总计	2269.40	2684.40	2525.60	2389.90	2535.40

注：2023/2024 年度为预测值。

（数据来源：美国农业部）

美国农业部的数据表明，中国、印度、巴基斯坦这些国家既是棉花生产大国也是棉花消费大国，20 世纪 80 年代后这三个国家的消费超过全球棉花消费的 50%。2023/2024 年度这三个国家占比总和高达 60.8%，其中中国棉花消费量约占全球的

31.8%，印度和巴基斯坦棉花消费量分别约占全球的20.6%和8.4%。另外孟加拉国的消费量占全球的6.7%，土耳其和越南的消费量分别约占6.6%和5.9%，巴西的消费量占全球的2.8%，详情见图2-9。

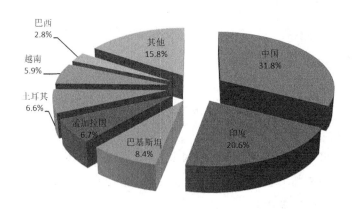

图2-9　2023/2024年度主要国家棉花消费量与全球棉花消费量占比

（数据来源：美国农业部）

2.4.2　中国棉花的消费情况

中国不仅是棉花生产大国，也是棉花消费大国。美国农业部统计数据显示，中国棉花消费量出现较大波动，具体如图2-10所示。从图中可以看出，从2001年开始一直到2007年，中国棉花消费量呈持续增长势态，从494.78万吨上升到1055.96万吨，平均增长率达到16.20%。但从2004年开始到2008年，棉花消费增长率开始逐渐下降，2008年为-11.86%，2008年受全球经济衰退的影响，棉花消费量出现了下滑，与2007年相比，减少了约125万吨。2009年，我国棉花消费量急速上升到1088.62万吨，达到历年的最高纪录，2010—2013年棉花消费量为负增长势态，年增长率分别为-8%、-17.39%、-5.26%和-4.17%。此后4年，棉花消费量均呈平缓上升趋势，增长率均为正值。但是2018年又出现了一定幅度的下降，2019年继续下降，增长率达到-16.46%。2020年棉花消费量上升为870.9万吨，年增长率达到21.21%。2022年棉花消费量又下降到827.40万吨，2023年消费为805.60万吨，这两年的增长率分别为-0.27%和-2.63%。

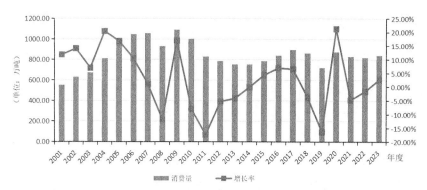

图 2-10　中国棉花消费量和棉花消费增长率变化

（数据来源：美国农业部）

长期以来，中国一直是世界上最大的棉花消费国，并且在加入 WTO 以后，有了飞跃性的发展。在此期间，中国的棉花消费量占世界棉花消费总量的比重一直在 25% 以上，远高于美国、印度、巴基斯坦和巴西等棉花生产大国。中国的棉花消费需求主要由纺织工业用棉、军需民用絮棉及其损耗和其他用棉三部分组成，其中纺织工业用棉是中国主要的棉花消费需求。20 世纪 90 年代，棉花的消费基本趋于稳定，一般在 400 万吨徘徊，加入 WTO 以后，中国的纺织服装工业迅速发展，纺织用棉量大幅度增加，进一步刺激了中国棉花消费需求，近 10 年来，棉花的年消费量稳定中略有波动，基本保持在 800 万吨左右。

2.4.3　影响棉花消费的主要因素

一般来讲，当棉花价格上升以及棉花贸易低迷的时期，棉花的消费也将保持在较低的水平，而当全球经济处于上升期时，也会刺激棉花消费量的增加。2008 年以来，全球经济增长乏力，不确定性因素增加，同时由于棉花价格大起大落，再加上印度等棉花出口大国对棉花出口进行限制，全球棉花的消费虽然在复苏，但速度缓慢。根据 OECD-FAO 的预测，棉花消费的未来增长速度将略低于近年 1.9% 的平均增长速度。美国农业部预测，虽然全球棉花消费缓慢增长，但增长比较有限。美国农业部预测棉花消费的主要参考指标包括全球经济增长前景、棉花价格、纺织品服装的含棉量等，这些都是影响棉花消费的主要因素。

2.5　小　结

本章主要由安徽财经大学李浩老师主笔撰写，周万怀、张雪东、负责协助数据搜集和分析，刘从九和徐守东老师负责审查。文中所采用的数据均来自联合国粮食及农业组织（Food and Agriculture Organization of the United Nations，FAO）、国家统计局、中华人民共和国农业农村部、中国棉花协会，以及美国农业部（United States Department of Agriculture，USDA）等官方权威数据。由于棉花年度的特殊性，截至撰写时部分数据仅更新到 2021 年，特此说明。这里对本章中的数据来源单位和对内容起到帮助作用的引文作者及相关单位表示衷心的谢意！

第3章 自然条件下储备棉质量变异规律研究报告

3.1 任务及方案

为探究自然条件下棉花品质的变化规律，本研究针对棉花品质的马克隆值、反射率（+Rd）、黄度（+b）、长度、长度整齐度、断裂比强度等6个指标进行测试。运用机器学习、统计分析等方法对测试数据进行处理分析。从2022年3月到2024年5月，每隔两个月对储备库中的棉花进行抽样检测，试验共14个检测次序。各检测次序与年月的对应关系如表3-1所示。

表 3－1 检测次序与年月对应关系

序号	年月
1	2022－03
2	2022－05
3	2022－07
4	2022－09
5	2022－11
6	2023－01
7	2023－03
8	2023－05
9	2023－07
10	2023－09
11	2023－11

序号	年月
12	2024-01
13	2024-03
14	2024-05

棉花种类共 16 种，包括 12 种国内棉花和 4 种国外棉花品种（巴西棉花，美国棉花）。12 种国内棉花又分为 8 种内地棉花和 4 种新疆棉花，为区别起见给 4 种新疆棉花加上后缀，分别称为"新疆棉花 210""新疆棉花 220""新疆棉花 311""新疆棉花 410"。同理，国外棉花中的巴西棉花分别称为"巴西棉花 120"与"巴西棉花 311"，美国棉花分别称为"美国棉花 410"与"美国棉花 120"。

表 3-2　实验用棉花种类

大分类	详细分类	序号	棉花品种
国内棉花	内地棉花	1	13120：安徽棉花
		2	14120：山东棉花
		3	16230：河北棉花
		4	20310：徐州库 4 包
		5	21120：广州库 4 包
		6	22310：菏泽库 4 包
		7	23210：巴州库 4 包
		8	24310：岳阳库 4 包
	新疆棉花	9	11210：新疆棉花 210
		10	17220：新疆棉花 220
		11	17311：新疆棉花 311
		12	12410：新疆棉花 410

大分类	详细分类	序号	棉花品种
国外棉花	巴西棉花	13	15120：巴西棉花 120
		14	15311：巴西棉花 311
	美国棉花	15	18410：美国棉花 410
		16	19120：美国棉花 120

3.2　试验数据预处理

在试验数据分析之前，首先对试验数据样本分布进行检验。箱线图基于统计学中的四分位数和四分位距，这些统计量能够很好地描述数据的中心趋势和离散程度。当样本分布在 1.5 倍的四分位距以外时，通常认为是异常值。基于该原理，利用对 16 种棉花数据的马克隆值、反射率（Rd）、黄度（$+b$）、长度、整齐度和断裂比强度等 6 个指标进行统计，如图 3-1～图 3-6 所示。

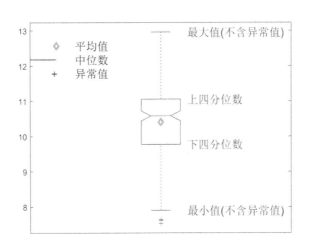

图 3-1　黄度（$+b$）数据统计盒图

从此盒图中可以看出有 3 个异常值，经检查发现这 3 个数据全是"美国棉花410"，说明可能是品种问题，而不一定是数据异常，不予删除。

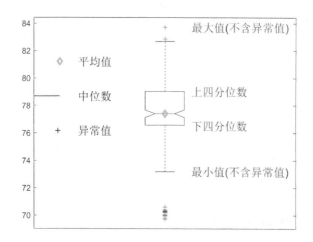

图 3－2　反射率（Rd）数据统计盒图

　　从此盒图中可以看出最大值端有 2 个异常值，最小值端有多个异常值。经检查发现这 2 个超大数据全是"新疆棉花 210"，超小数据全是"河北棉花"，说明可能是品种问题，而不一定是数据异常，不予删除。

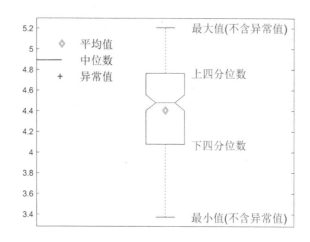

图 3－3　马克隆值数据统计盒图

　　从此盒图中可以看出各种棉花的马克隆值数据均没有异常值。

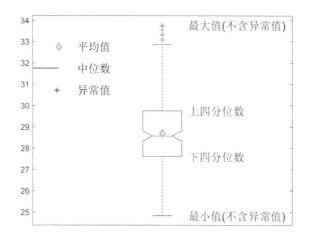

图 3 - 4　断裂比强度统计盒图

从此盒图中可以看出最大值端有 7～8 个异常值，经检查发现这些数据全是"美国棉花 120"，说明可能是品种问题，而不一定是数据异常，不予删除。

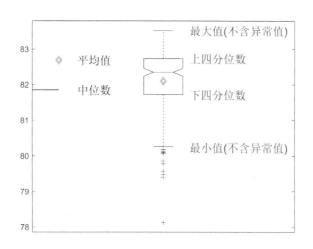

图 3 - 5　整齐度统计盒图

从此盒图中可以看出最小值端有 8～9 个异常值，经检查发现这些数据主要是"河北棉花"，说明可能是品种问题，而不一定是数据异常，不予删除。

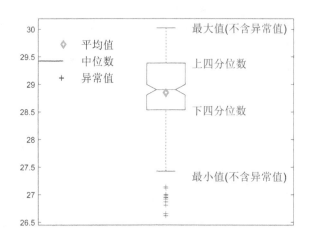

图 3-6　长度统计盒图

从此盒图中可以看出最小值端约有 10 个异常值，经检查发现这些数据主要是"河北棉花"，说明可能是品种问题，而不一定是数据异常，不予删除。

3.3　同一仓库不同棉花各指标随着时间的变化趋势比较

研究不同仓库中棉花的变化趋势，以检验不同地点的气候环境对棉花参数的影响。在这 5 个库中各棉花的 Rd 值轻微下降；$+b$ 值有比较明显的上升趋势。巴州、广州、菏泽、徐州、岳阳的 $+b$ 值上升率分别为 5%、16%、9%、8%、12%；可见广州库 $+b$ 值上升幅度最大（16%），岳阳库第二（12%）。

3.3.1　巴州库各参数

本节研究巴州库中各种棉花 6 个参数的变化趋势。从图 3-7 中可以看出，Rd 值几乎没有变化，$+b$ 值有一定上升趋势，但上升幅度一般不超过 5%。其他四个参数无明显变化。

图 3-7　巴州库中各种棉花指标随时间变化趋势

（A）Rd 变化趋势；（B）$+b$ 变化趋势；（C）长度；

（D）整齐度；（E）断裂比强度；（F）马克隆值）

3.3.2　广州库各参数

本节研究广州库中各种棉花 6 个参数的变化趋势。从图 3-8 可以看出，Rd 值轻微下降，$+b$ 值有明显上升趋势，上升幅度基本达到了 16%。其他四个参数无明显变化。

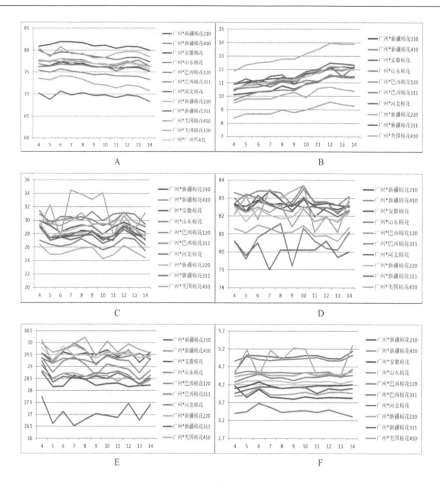

图 3-8　广州库中各种棉花指标随时间变化趋势

（A）Rd 变化趋势；（B）$+b$ 变化趋势；（C）长度；

（D）整齐度；（E）断裂比强度；（F）马克隆值

3.3.3　菏泽库各参数

本节研究菏泽库中各种棉花 6 个参数的变化趋势。从图 3-9 可以看出，Rd 值轻微下降，$+b$ 值有明显上升趋势，上升幅度基本达到了 9%。其他四个参数无明显变化。

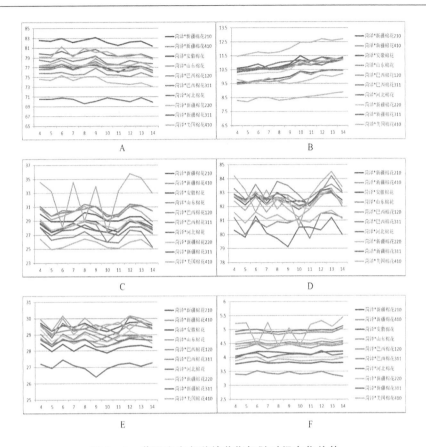

图 3-9　菏泽库中各种棉花指标随时间变化趋势

(A) *Rd* 变化趋势；(B) +*b* 变化趋势；(C) 长度；

(D) 整齐度；(E) 断裂比强度；(F) 马克隆值)

3.3.4　徐州库各参数

本节研究徐州库中各种棉花 6 个参数的变化趋势。从图 3-10 中可以看出，*Rd*值轻微下降，+*b* 值有明显上升趋势，上升幅度基本达到了 8%。其他四个参数无明显变化。

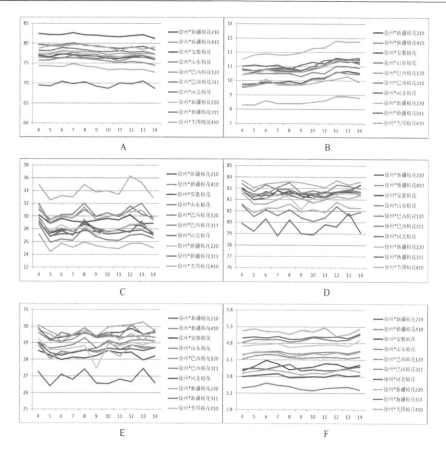

图 3－10　徐州库中各种棉花指标随时间变化趋势
（A）Rd 变化趋势；（B）＋b 变化趋势；（C）长度；
（D）整齐度；（E）断裂比强度；（F）马克隆值

3.3.5　岳阳库各参数

本节研究岳阳库中各种棉花 6 个参数的变化趋势。从图 3-11 中可以看出，Rd 值轻微下降，$+b$ 值有明显上升趋势，上升幅度基本达到了 12％。其他四个参数无明显变化。

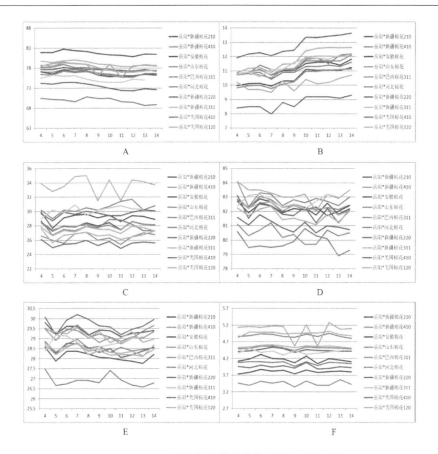

图 3-11　岳阳库中各种棉花指标随时间变化趋势
（A）Rd 变化趋势；（B）$+b$ 变化趋势；（C）长度；
（D）整齐度；（E）断裂比强度；（F）马克隆值

3.3.6　所有库各指标随着时间的变化趋势比较

本节研究所有 5 个库中各种棉花的 6 个参数的变化趋势，以期对比出各库中参数变化的差异。从图 3-12 中可以看出，Rd 值轻微下降，但由于线比较杂乱，难以看出库与库的差别。河北棉花的 Rd 值普遍小于其他种类的棉花。$+b$ 值有明显上升趋势，但由于线比较杂乱，难以看出库与库的差别。"美国棉花 410"的 $+b$ 值普遍小于其他种类的棉花。强度和长度整齐度由于线比较杂乱，看不出明显趋势。河北棉花的长度值普遍小于其他种类的棉花。"巴西棉花 210"的长度整齐度普遍小于其他种类的棉花。

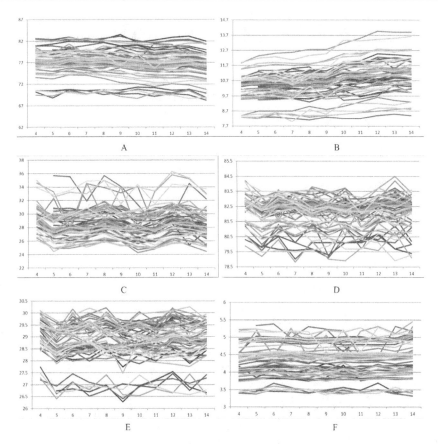

图 3－12　所有库中各种棉花指标随时间变化趋势

（A）*Rd* 变化趋势；（B）＋*b* 变化趋势；（C）长度；

（D）整齐度；（E）断裂比强度；（F）马克隆值

3.4　不同库不同层各指标随着时间的变化趋势比较

3.4.1　巴州库棉花指标随着时间的变化趋势比较

本组试验检验巴州库中上、中、下三层棉花的 6 个参数随时间的变化趋势。由于 3 组线互有交叉，没有明显差异。

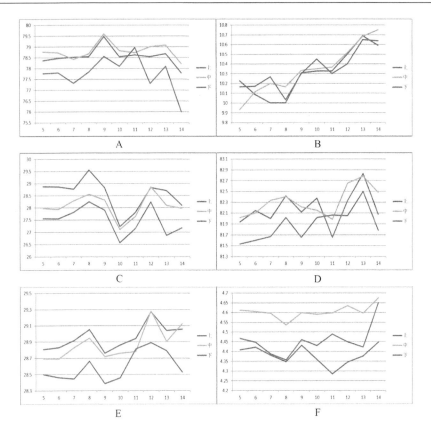

图 3 - 13　巴州库中不同层棉花指标随时间变化趋势

（A）Rd 变化趋势；（B）+b 变化趋势；（C）长度；

（D）整齐度；（E）断裂比强度；（F）马克隆值

3.4.2　广州库棉花指标随着时间的变化趋势比较

本组试验检验广州库中上、中、下三层棉花的 6 个参数随时间的变化趋势。由于 3 组线互有交叉，没有明显差异。

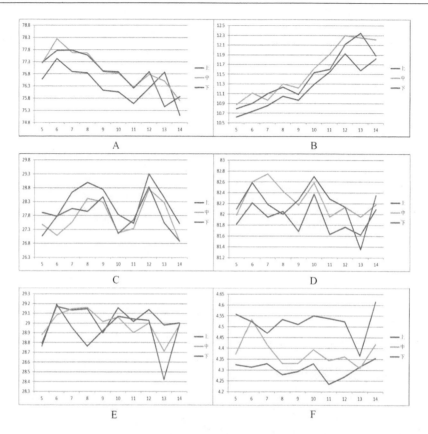

图 3-14　广州库中不同层棉花指标随时间变化趋势

（A）Rd 变化趋势；（B）+b 变化趋势；（C）长度；

（D）整齐度；（E）断裂比强度；（F）马克隆值

3.4.3　菏泽库棉花指标随着时间的变化趋势比较

本组试验检验菏泽库中上、中、下三层棉花的 6 个参数随时间的变化趋势。由于 3 组线互有交叉，没有明显差异。

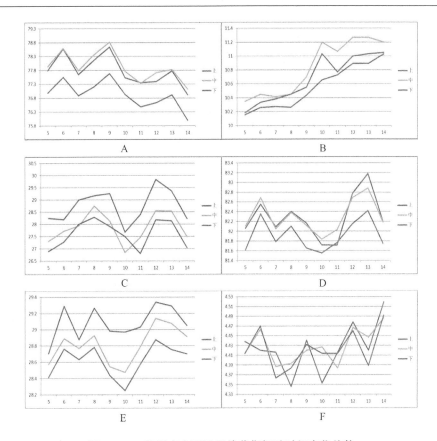

图 3 - 15   菏泽库中不同层棉花指标随时间变化趋势

(A) Rd 变化趋势；(B) $+b$ 变化趋势；(C) 长度；

(D) 整齐度；(E) 断裂比强度；(F) 马克隆值

3.4.4   徐州库棉花指标随着时间的变化趋势比较

本组试验检验徐州库中上、中、下三层棉花的 6 个参数随时间的变化趋势。由于 3 组线互有交叉，没有明显差异。

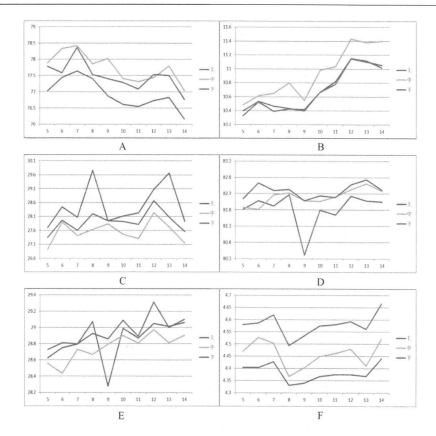

图 3 - 16　徐州库中不同层棉花指标随时间变化趋势

（A）Rd 变化趋势；（B）+b 变化趋势；（C）长度；

（D）整齐度；（E）断裂比强度；（F）马克隆

3.4.5　岳阳库棉花指标随着时间的变化趋势比较

本组试验检验岳阳库中上、中、下三层棉花的 6 个参数随时间的变化趋势。由于 3 组线互有交叉，没有明显差异。

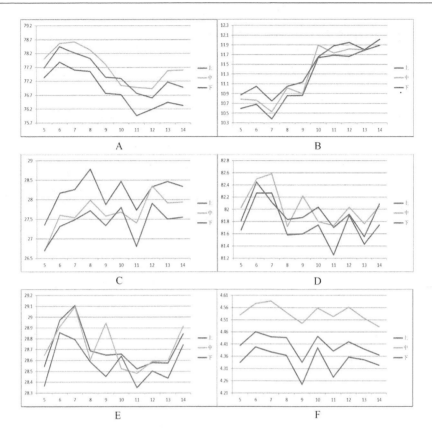

图 3 - 17　岳阳库中不同层棉花指标随时间变化趋势
（A）*Rd* 变化趋势；（B）+*b* 变化趋势；（C）长度；
（D）整齐度；（E）断裂比强度；（F）马克隆值

　　本组试验检验 5 个库中上、中、下三层棉花 6 个参数随时间的变化趋势。由于 3 组线互有交叉，没有明显差异。说明储备库中上、中、下三层棉花的马克隆值、反射率、黄度、长度、长度整齐度、断裂比强度指标随时间变化不会呈现明显差异。

3.5　数据回溯验证

　　本组试验对比国内棉花与国外棉花的 6 个参数随时间变化趋势。两组棉花分别是"安徽棉花"与"美国棉花 410"以及"安徽棉花"与"巴西棉花 120"。

3.5.1　安徽棉花与美国棉花对比

本组实验对比"安徽棉花"与"美国棉花 410"的 6 个参数随时间变化趋势。两种棉花的 Rd 值随时间均有下降趋势。由图 3-18 可见，两种棉花的 +b 值随时间均有上升趋势，"美国棉花 410"的 +b 值普遍小于"安徽棉花"。两种棉花的马克隆值随时间均没有明显变化趋势，"美国棉花 410"的马克隆值普遍小于"安徽棉花"。两种棉花的长度值随时间均没有明显变化趋势，"美国棉花 410"的长度值普遍小于"安徽棉花"。两种棉花的长度、整齐度和强度没有明显的变化趋势。

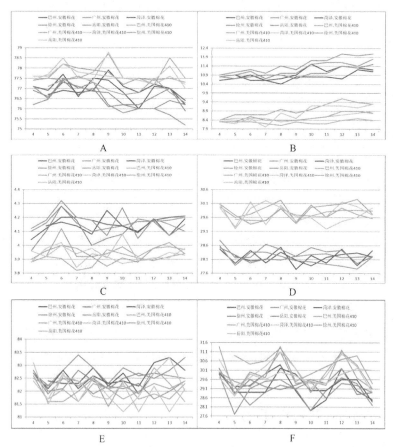

图 3-18　安徽棉花与美国棉花随时间变化趋势对比图

（A）Rd 变化趋势；（B）+b 变化趋势；（C）长度；

（D）整齐度；（E）断裂比强度；（F）马克隆值

3.5.2　安徽棉花与巴西棉花对比

本组试验对比"安徽棉花"与"巴西棉花 120"的 6 个参数随时间变化趋势。由图 3-19 可见，两种棉花的 Rd 值随时间均有下降趋势。两种棉花的 $+b$ 值随时间均有上升趋势。两种棉花的马克隆值随时间均没有明显变化趋势，"安徽棉花"的马克隆值普遍小于"巴西棉花 120"。"安徽棉花"的长度值均小于"巴西棉花 120"。两种棉花的整齐度和断裂比强度没有明显的变化趋势。

图 3-19　安徽棉花与巴西棉花随时间变化趋势对比图

（A）Rd 变化趋势；（B）$+b$ 变化趋势；（C）长度；

（D）整齐度；（E）断裂比强度；（F）马克隆值

3.6　结论、问题与建议

3.6.1　时间维度分析

从各库黄度（$+b$）的变化趋势可以粗略看出第 2～4 次（5～9 月）检测与 9～10 次（7～9 月）检测之间变化较快，也就是黄度（$+b$）受温度影响变化比较明显，温度越高黄度增加越快，其他三个参数跟温度关系不大。可见夏季高温对 $+b$ 的影响比较大，第一个夏天增长较快，第二个夏天的增长不如第一个夏天的多。Rd、强度的值有轻微下降。其他指标基本保持不变。

3.6.2　分析存在的问题

Rd 值在各个库中变化不是很明显。$+b$ 值在岳阳库和广东库中变化幅度要比其他 3 个库大很多。巴州、广州、菏泽、徐州、岳阳的 $+b$ 值上升率分别为 5％、16％、9％、8％、12％；可见广州库 $+b$ 值上升幅度最大（16％），岳阳库第二（12％）。总体而言，纬度更低（平均温度更高）的储备库的 $+b$ 值上升越快。其他指标与储备库的空间关系并不明显。

3.7　小结

本章主要由安徽财经大学周万怀老师主笔撰写，李浩、李庆旭、张雪东老师负责审查，项目得到了中国纤维质量监测中心的资助。文中所引用或采用的观点、数据均来自国内外公开发表的杂志、报纸、网络等平台，以及其他专业平台，如联合国粮食及农业组织（Food and Agriculture Organization of the United Nations，FAO）、国家统计局、中华人民共和国农业农村部、以及美国农业部（United States Department of Agriculture，USDA）等官方权威数据。这里对本章中的数据来源单位和对内容起到帮助作用的引文作者及相关单位表示衷心的谢意！

第4章　棉花加工报告

4.1　棉花加工企业现状及发展趋势

4.1.1　棉花加工发展现状

产业数字化能力不断提升。自 2014 年实施棉花目标价格政策至 2023 年已 10 年时间，不仅保障了新疆棉花种植、加工、仓储、检验、流通、纺纱全产业链的持续健康发展，而且提升了新疆棉花产品与市场竞争力，为农业大宗商品供给侧结构改革提供了实践经验。依托棉花目标价格改革信息平台构建的新疆棉花大数据体系，整合了产业链种植、收购、加工、检验、流通、纺织应用各个环节的关键节点的数据信息，实现了棉花全产业链的数字化，为棉花的高质量发展赋予了数字动能。2023 年中共中央、国务院印发了《数字中国建设整体布局规划》，政府从国家层面统筹协调数字中国、数字经济、数字社会的规划和建设。产业数字化就是利用现代信息技术对传统产业进行全方位、全角度、全链条的改造。2024 年，棉花产业数字化将明显加快，通过物联网、大数据、云计算以及云存储技术的普及，棉花行业数字化的及时性、准确性以及有效性持续提升，各类应用系统的搭建，有利于棉花加工企业快速掌控整个生产过程，经营管理提质增效，进而推动棉花行业高质量发展。

数字产业化建设不断加快。2023 年 6 月 13 日，财政部、工业和信息化部联合印发《关于开展中小企业数字化转型城市试点工作的通知》，该政策旨在通过示范带动的复制推广，引导和推动广大中小企业加快数字化转型，全面提升（行业）中小企业数字化水平，促进数字经济和实体经济深度融合。12 月 31 日，国家数据局联合国家互联网信息办工室、科技部、工业和信息化部、农业农村部等 17 个部门联合发布《"数据要素×"三年行动计划（2024—2026 年）》。棉花行业，尤其是棉花加工企业基本上处于数字产业化应用实践过程中，随着棉花种植、收购、加工、检验、仓储、运输等各个环节的数据联通，基本形成了一整套棉花数据资产，如何将数据资产与实际管理经营相结合，棉花行业各参与方正在不断尝试过程中，借助数字中国的顶层设计思路与数据相关制度的不断完善，挖掘数据价值，使数据成为今后辅助行业高质量发展的强大动力。

4.1.2　产能分布概况

产能情况。截至 2024 年 2 月，全国自 2005 年以来使用 400 型打包机及配套棉包信息管理系统的棉花加工企业存续 2500 余家，共 2700 余条生产线，相比 2022 年产能有所降低。主要原因是随着内地资源的萎缩，黄河流域和长江流域的棉花加工企业在不断减少，例如资源严重减少的天津地区和山西地区在 2013 年分别有 36 家和 28 家 400 型棉花加工企业，到 2023 年年底处于经营存续状态的分别只有 22 家和 16 家，10 年间分别减少 14 家和 12 家，企业减少超 40%。而种植资源相对集中的新疆地区，即使政府不断调整生产线保有量，近年来也未有明显增长。随着机采棉技术的进步，加工设备为适配集中收获期，生产效率越来越高，新建生产线的产能不断提升，从最初 20 包/线/小时提升至最高 60 包/线/小时，而在开工企业数量未增多的前提下，造成产能相对过剩。目前连续三年正常开工的棉花加工企业维持在 1100 家左右，其中 2023 年开工生产的棉花企业 1121 家，较 2022 年的 1067 家上涨了 5.06%。

产能分布。2023 年加工企业分布情况（表 4-1）：全国共计 1122 家棉花加工企业开工参检，同比增加 55 家。新疆地区 1018 家企业开工，同比增加 49 家，其中自治区 787 家，同比增加 43 家，新疆兵团 231 家，同比增加 6 家；包括长江流域和黄河流域棉区，开工 104 家棉花加工企业，同比增加 6 家（数据来源于中国纤维质量监测中心和棉花网）。2023 年是新冠疫情后经济恢复发展的第一年，受 2022 年加工企业普遍盈利的影响，新疆地区开工企业数量有所增加，加工总量远超新冠疫情期间同期进度，开工企业数量也高于同期开工数量。

表 4 - 1　2023 年开工企业数量和参与公检量

省份（自治区）		开工企业数量（家）	加工检验量（万吨）	所占比例（%）
新疆	自治区	787	407.24	72.91
	兵团	231	137.22	24.66
山东		56	8.30	1.49
河北		15	0.74	0.13
安徽		3	0.11	0.02
湖北		3	0.13	0.02
甘肃		19	3.17	0.57
江苏		1	0.06	0.01
湖南		7	0.06	0.19

2023 年开工企业数量、加工量、检验量都高于 2022 年，主要是因为企业盈利预期强烈。新疆地区加工企业开工数量比 2022 年略有提高。黄河流域和长江流域的棉花加工产能主要集中在山东、甘肃、湖南地区，西北地区的甘肃因 2023 年收益的增加，增加了产量。整体来看，非"专业仓储监管＋在库公证检验"政策覆盖的黄河流域和长江流域的植棉面积不断减少，加工企业不断退出加工序列的趋势越发明显。

产地分布。国家统计局发布的关于 2023 年棉花产量的公告显示（见表 4-2），全国棉花播种面积为 2788.1 千公顷（4182 万亩），较 2022 年减少 212.2 千公顷（318.3 万亩），下降 7.1%。其中，新疆棉花播种面积为 2369.3 千公顷（3554.0 万亩），同比减少 127.6 千公顷（191.4 万亩），下降 8.07%。全国棉花单产 2014.9 千公顷（134.3 千克/亩），较 2022 年增加 21.8 千公顷（1.5 千克/亩），增长 1.1%。整体来看，棉花植棉面积逐年下降，但单产不断提高，长江流域和黄河流域棉区植棉面积依然不断萎缩，产地相比 2023 年减少一个省。全国棉花总产量 561.8 万吨，比 2022 年减少 36.2 万吨，下降 6.1%。政策引导作用凸显，政策覆盖区域种植越发集中。新疆作为中国棉花主产区的地位明确，2023 年新疆地区参与公检量占总量的 97.57%，总计 544.46 万吨。随着长江流域和黄河流域棉区九省"专业仓储监管＋在库公证检验"政策的不断深入，已经实施三年的甘肃地区的种植面积与参与公检量明显增加；2023年湖南地区也开始实施"专业仓储监管＋在库公证检验"政策，参检量明显增加；其他省份地区因未实施相关政策，种植面积、产量、参检量下滑明显（统计数据截止2024年2月7日）。由于2022年大多数棉花加工企业利润可观，因此，2023年加工企业开工意愿强烈，叠加开工前期的各种棉花减产传言，加工企业参与收购加工意愿更加强烈，以至于开工初期价格高企。随着行业主管单位、行业协会工业分会等行业组织的不断辟谣宣传，价格逐步回归理性，前期收购成本过高与外棉形成倒挂，部分企业被套在高位，致使部分企业亏损。究其原因，除了对市场表现过于乐观之外，部分棉花加工企业对行业政策、国内外供需信息判断有待加强。

表4-2　国家统计局2023年棉花种植及产量公告

省份	播种面积（千公顷）	面积占比（%）	总产量（万吨）	产量占比（%）	单产（千克/公顷）
新疆	2369.3	84.98	511.2	90.99	2157.8
山东	96.5	3.46	12.6	2.24	1303.9
河北	86.0	3.08	10.4	1.85	1207.9
安徽	22.7	0.81	2.0	0.36	894.4
湖北	103.3	3.71	9.6	1.71	929.9
甘肃	20.4	0.73	4.2	0.75	2080.4
江苏	3.5	0.13	0.5	0.09	1454.8
湖南	55.9	2.0	7.6	1.35	1360.3
江西	19.4	0.7	2.2	0.39	1134.6
河南	6.1	0.22	0.7	0.12	1218.8
浙江	2.4	0.09	0.3	0.05	1388.8
天津	1.1	0.04	0.1	0.02	1282.8
...	...	...	...	...	...
合计	2788.1	...	561.8	...	2014.9

质量分析。2023年度中国棉花主产区新疆地区整体质量虽相比2022年度有升有降。其中白棉1～3级占比比2022年度略低；平均长度比2022年度提高明显，尤其是28毫米以上均有不同程度的提高；马克隆值A级所占比例比2022年度略

高，A＋B 级所占比例相比同期略有提升；平均断裂比强度比 2022 年度略有提高；平均长度整齐度 U1＋U2 的所占比例比 2022 年度有较大提高，U1＋U2＋U3 所占比例略有提高，轧工质量比 2022 年度略有下降。综合来看，棉花与纺纱有关的关键品质比 2022 年度质量整体提高。

4.1.3　存在的问题

棉花产业政策作用差异化明显。棉花是涉及种植和纺织两大产业的商品，是棉农收入的主要来源，是棉纺织工业的主要原料，也是广大人民的生活必需品，棉纱、棉布和服装还是出口创汇的重要商品。国家在棉花种植政策上的差异化使得棉花资源越发集中，例如，新疆地区因棉花目标价格改革政策成为我国棉花种植、单产最高的地区；而其他区域的棉花补贴政策则各省根据自身情况量身制定，因宣传、统计方法等问题造成了数据统计难、补贴下发难，实际种植者拿不到补贴，影响了棉农植棉的积极性，种植面积不断缩减。甘肃地区、湖南地区相继开展"专业仓储监管＋在库公证检验"的政策是新疆目标价格补贴政策的一种延续，尤其甘肃地区在连续三年实施"专业仓储监管＋在库公证检验"政策后，使当地棉花种植面积基本稳定，产量逐步提升，有利于国内棉花产业合理布局。建议对黄河流域、长江流域等传统宜棉区继续推广"专业仓储监管＋在库公证检验"政策，建立全国性的棉花大数据平台，统筹行业整体布局规划，实现棉花行业高质量发展。

加工产能仍需调整。2023 年棉花加工企业开工 1122 家，其产能依然过剩。近几年，由于区域植棉面积的缩减，棉花加工企业基本没有新增，虽无新建企业，但随着轧花机、打包机等加工技术的进步，单条生产线的加工能力通过技术改造后不断提升，生产效率从 20 包/小时提升至 45～60 包/小时。因此，在棉花加工企业未增加的情况下，产能实际是增加的。截至目前，新疆实际入库公检量为 544 万吨，开工企业 1018 家，单条生产线产量不足 4500 吨，相比 2022 年均有所下降。黄河流域和长江流域因资源进一步缩减，产能浪费更加严重。建议新疆地区尽快完善智慧监管平台，通过大数据加大对加工企业的监管与执法力度，建立健全产能退出机制，平衡好产地资源与产能资源，通过数字要素的作用，加快产业向高质量发展，从而解决产能过剩问题。建议对国内宜棉地区实施"专业仓储监管＋在库公证检验"政策，在不适宜种粮的地区适当恢复植棉面积，形成产地多点分散的格局，不仅有利于棉花产业在内地的恢复，也避免了区域内产能的浪费。

棉花行业数据认知与使用效率有待提升。中国数字经济取得了举世瞩目的发展成就，数字产业化与产业数字化正在蓬勃发展，大数据、云计算、物联网、人工智能技术兴起，2023 年 AI 应用爆发，汇聚在大数据基础之上，多样化的算力正在成为企业当前转型的必要方向，数据俨然成为企业不可或缺的生产要素，数据建设规划是企业发展规划中的重要环节，甚至成为企业自身的战略规划。随着棉花加工检验设备的智能化，棉花大数据的不断收集，数字棉花已是大势所趋，棉花大数据的应用与创新处于蓬勃发展的阶段，传统棉花加工行业的从业者对大数据运用不够成熟，信息差造成很多误判，导致在籽棉收购、皮棉销售上存在问题，未能有效认识到数据的重要作用，认识到数据有效性的管理者又对数据的及时性、正确性无从判别，2023 年开秤初期就出现这种情况。鉴于此，棉花加工行业亟须建立大数据共享机制，提升数据复用效率，及时传递行业政策信息、资源信息、供需信息，让"数据要素×"在棉花行业率先落地。建议以政府或者大型国企为主导，打造大数据平台，旨在解决数据的及时性、有效性，将收购、加工、销售串联，提升棉花加工大数据在实际业务中的应用，各使用企业要充分认识到数据对业务开拓的重要性，拥抱棉花行业大数据新时代。

棉花收购规范与检验设备国产化有待加速：中国是世界第一大用棉国，棉制品出口国、消费国，棉花作为战略物资、民生物资事关国家经济安全。近年来，随着中美竞争态势逐渐激烈，西方对中国经济脱钩日渐明显，以苹果手机为例，苹果供应链国产比例从最高超过 50% 锐减至 2%，为此在棉花领域要警惕"卡脖子"技术。近几年，以天鹅棉机为首的棉机行业基本实现加工装备的国产化，但在检验环节，尤其是品质检验环节依然有关键设备未实现国产化，这对中国的棉花行业安全造成潜在威胁，应引起相关管理部门的注意。建议相关部门梳理在棉花加工检验环节的设备，对于"卡脖子"的设备予以鼓励开发，对已存在但不成熟的设备加大政策扶持力度，对已成熟的设备予以宣传支持，加快推广使用，确保中国棉花产业安全发展 。

4.1.4　大数据对棉花行业高质量发展的促进作用

数字经济是继农业经济、工业经济之后的主要经济形态，是传统经济的数字化转型，产业的数字化转型正不断驱动着生产方式、生活方式以及治理方式的变革，对中国经济、政治和科技格局产生深远影响。伴随着产业政策的实施，棉花行业的数字化进程正在不断加快，数字产业化探索也初见成效，通过大数据与产业的深度融合，使行业实现生产力和产业效率的提升，为中国棉花高质量发展提供新动力。

2023 年由北京智棉科技有限公司打造的新版棉花加工综合服务平台与微信小程序上线，该平台通过计算机、手机两个端的方式，以数字棉花、智能棉业为使命，为加工行业提供了数字化服务。棉花加工企业综合服务平台以数据链加工环节的政策信息系统、软硬件产品和棉花交易市场客户资源，为加工企业经营管理提供完整的信息化解决方案。通过统一身份认证体系和一体化服务促进行业数据共享和业务协同，实现棉花产业链资源整合，促进棉花行业高质量发展。

2023 年新疆棉花目标价格改革政策明确要求：在全疆范围内对优质棉予以补贴，原则上达到"双 29"，B2 级及以上（纤维长度≥29 毫米，断裂比强度≥ 29 厘牛/特克斯，马克隆值 A 级或 B2 级）的细绒棉可获得 0.35 元/质量补贴，根据当年棉花目标价格补贴标准可适时调整质量补贴标准。开展质量补贴是完善棉花目标价格政策的重要内容，是实施棉花质量补贴的具体手段，是促进棉花质量提升的重要措施。通过"优质优补"引导棉花实际种植者、棉花加工企业持续重视和提升棉花质量，更好服务优质棉花、棉纱基地建设。整合现有棉花产业链质量数据，完善质量追溯系统，建立健全从籽棉到皮棉质量追溯体系，有力破解加工环节数据断链问题，有效关联棉花种植、收购、加工仓储、公证检验等信息，促进新疆棉花产业高质量发展。为能够准确关联种植信息与棉花品质信息，在棉花加工平台上改版，配合棉花加工企业物联网数据中心系统，以实现对籽棉的品质进行溯源。此次改版升级不再沿用 2022 年的方式方法，以磅单为基础进行质量追溯，数据更加合理，容错率大幅提升。追溯系统通过技术升级将实际种植者、实际种植地块信息、棉农交售信息、企业加工皮棉信息、皮棉检验信息等进行了串联，实现了精准追溯棉花质量追溯系统（QTS），操作简单，系统串联均在云端，减少了用户的操作频次，通过云端实现追溯。

实际具体操作步骤如下：第一步，读取身份证号自动匹配棉农信息；第二步，根据匹配的磅单号选择当前要打印追溯码的磅单；第三步，单击左侧磅单号，显示种植信息；第四步，选择棉模类型，输入棉模件数，点击打印追溯卡。棉花加工服务平台以"数据要素×"为切入目标，推动棉花行业数据要素的高水平应用，推进棉花加工行业数据要素协同优化、复用增效、融合创新，以产业数字化、数字产业化为发展主线，以数据为关键生产要素，着力建设棉花数据资源体系，加快棉花生产经营管理服务数字化改造，强化关键技术装备创新，为提升棉花生产智能化、经营网络化、管理高效化、服务便捷化提供强大的物质基础和技术支撑，有力推动乡村全面振兴、加快实现农业农村现代化。

4.2　2023 年棉花加工新技术与工艺发展

为贯彻落实"十四五"推动高质量发展的国家标准体系建设规划、推进棉花产业高质量可持续发展标准化工作行动方案和总社标准化工作部署，全国棉花加工标准化技术委员会继续推行服务行业、服务企业、强化标准实施应用的工作方向，在2022 年完成 2 项国家标准、2 项行业标准和 1 项国家标准外文版的发布工作；完成1 项国家标准和 5 项行业标准的立项工作；发挥标准规范引领作用，推动行业品牌建设；发起"强化品牌意识，促进行业高质量发展"倡议；贯彻落实"高质量可持续发展标准化工作行动方案"；参与行业急需的国家、团体标准制修订工作。

4.2.1　背景意义

中国的棉花加工技术经过四次大的飞跃，目前已经进入规模化、信息化时代，随着国家对新疆棉花种植面积的调整，2023 年新疆种植面积进一步缩减，另外因为采棉机市场对棉花采收价格的激烈竞争，造成籽棉含杂、含水等指标大幅增加，所以对棉花加工设备提出了更高的要求。目前我国机采棉加工生产线绝大部分为中小型生产线，随着市场的变化，这些生产线暴露出新的问题。

棉花加工企业成本高、利润低。近几年，国内棉花市场供大于求，价格下滑，而用工成本、加工成本却逐年升高，造成国内棉花加工企业中间利润越来越低。另外，由于籽棉价格随行就市不受加工企业控制，收购期短、加工期长，也导致棉花加工企业财务成本增加，同时存在安全、跌价风险。从用工方面来看，因棉花加工季节性强，企业招人难、留人难，大多数加工企业没有自己的加工团队，只能将加工外包，导致加工成本增加，且质量监管不到位，从而导致棉花加工指标下降，进而影响利润。另外，在生产过程中，由于现有生产设备稳定性、可靠性差，造成生产的不连续，电能大量浪费。技术力量薄弱，设备无科学管理，无报警预判，小故障、小问题时常造成设备停车，造成大损失。

供需结构性不匹配。国内生产的棉花质量不具竞争力，在国际上与美洲棉、大洋洲棉相比还有一定差距，主要表现在皮棉中短纤维指数偏高、长度一致性不好、异性纤维较多等方面，皮棉供给与需求不配套，总体上是"中低端产品过剩，高端产品供给不足"的局面。导致国内棉花竞争力较弱的主要原因是现有棉花加工设备无法实现自适应控制和生产管理水平有限。在棉花加工生产过程中，不同质量的籽棉混合加工，加工过程中设备无法根据籽棉性状适时调整；籽棉异性纤维含量高，而加工设备的清理效能不足；设备参数调整不到位、不及时，质量管理滞后都会导致短纤维率较高，影响皮棉品质。

行业集中度低。全新疆目前约有 1200 条生产线，每个生产季加工量从 1000～10000 吨不等，在某种程度上造成产能和资源的浪费。由于行业集中度低，企业规模较小、缺少统一协调、导致棉花加工企业对行业上下游端缺少话语权。总之，目前国内棉花加工行业产能普遍较低，使用的机采籽棉清理设备、轧花设备、烘干设备等自动化程度低，不能实现在线检测和自适应性调整控制，导致加工设备效率低、加工指标不稳定。现有单条轧花生产线每小时平均产能在 25 包左右，加工周期一般为 80～100 天，甚至达 140 天。作为国内棉花主产区的新疆，在生产加工中后期由于气温骤降、雨雪增多，生产线加工效率和加工质量大大降低，能耗增加，造成资源浪费，降低了加工企业的经济效益。

4.2.2　技术发展现状

随着机采棉技术的推广与设备的大面积应用，新疆的棉花生产和加工技术都处于国内领先地位，代表了我国最先进的棉花加工技术水平。近年来，针对中国棉花加工技术的发展需求，国内棉机生产企业在引进消化吸收外来技术的基础上，把提高棉花加工设备的自动化和智能化程度、对现有设备结构优化和技术升级，以及对棉花加工中各个环节设备的高效、节能降耗作为主要研究方向。天鹅股份始终坚持以科技创新推动我国棉花加工向规模化、自动化、智能化发展，推进棉花加工产业转型升级，助力我国棉花产业高质量发展。在前期研究的基础上，2023 年，天鹅股份聚焦棉花加工行业的难点和痛点，以"提质降本、健康环保、自动智能"为创新理念，自主研制全新的 60 包/小时机采棉生产线，并在新疆示范推广应用。该条生产线自动化、智能化程度高，加工效率成倍提升，加工质量大幅提高，节能降耗效果显著，工作环境舒适度和职业幸福感显著提高。

工艺特点。生产线采用双下吸风工艺（图 4-1），3 条 15 吨籽棉清理生产线为大型生产线创新设计，清杂效果更好、工艺流程更简单，更适应新疆机采棉的特点。籽棉清理生产线采用并联工艺，不增加清理次数，有效提高籽棉清理生产线的清杂性能，提高皮棉质量。双下吸风工艺和双管道进花设计，使籽棉清理更加均匀，高效清除叶杂、尘土，提高棉花颜色级。轧花到锯齿式皮棉清理机的管道采用工厂化透明视窗结构，便于观察皮棉的走向，防止堵塞管道和皮清机尘笼。设备的负压状态可以大大降低车间粉尘含量，改善工作环境。脉冲除尘、三角箱、轧花机储棉箱、烘干三通、轧花到锯齿皮清机的管道隔音降噪，车间宽敞、干净、卫生，工艺具有先进性、规范性和美观性等特点。

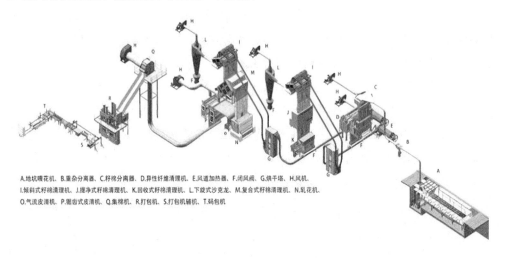

A.地坑喂花机、B.重杂分离器、C.籽棉分离器、D.异性纤维清理机、E.风道加热器、F.闭风阀、G.烘干塔、H.风机、I.倾斜式籽棉清理机、J.捷净式籽棉清理机、K.回收式籽棉清理机、L.下旋式沙克龙、M.复合式籽棉清理机、N.轧花机、O.气流皮清机、P.锯齿式皮清机、Q.集棉机、R.打包机、S.打包机辅机、T.码包机

图4-1　60包/小时生产线工艺流程图

关键技术装备。智能化、自动化程度高（图4-2）。从棉包自动开包喂花到生产线产量自动匹配，从设备运行状态的自动监测到设备自动控制，从自动打包、捆扎到生产线的自动码包，全部实现自动化控制。百吨皮棉用工数从34～36人降低到14～16人。

加工效率成倍提升。籽棉清理设备全新结构设计、轧花机产量大幅提高，打包机采用新型一体式液压系统，流量、压力双向比例控制，提高运行速度和平稳性；液压系统工业空调冷却技术，提高制冷效果和整机运行稳定性，加工效率达到60包/小时，是普通生产线的2～3倍。加工质量大幅提高，在线检测棉花质量信息，根据不同的棉花特性智能调节设备的运行参数，不同的棉花采用不同的工艺参数进行加工，实现"因花配车"，减少损伤、减少三丝、降低含杂量、提高棉花质量。节能降耗效果显著，车间风力内循环设计，内循环风运系统使烘干能耗节能达

20%，没有了低温加工，同时降低 10%的易损件费用，提高了加工效率。工作环境舒适度和职业幸福感显著提高（图 4-3）。采用高效洁净除尘技术，将高粉尘空气洁化到室内环境标准 5 毫克/立方米以内，要求 PM2.5 达到 2 微克/立方米。烘干热能的循环利用，在新疆寒冷的冬天，车间内温度达到零上十几摄氏度，工人工作环境舒适，真正实现了绿色、高效、环保加工。

图 4-2　生产线现场图

图 4-3　车间环境

图 4 - 4　图像异形纤维清理机

4.2.3　总结与展望

近几年来，国内棉花加工行业面临重大变革，传统的生产加工优势逐渐消失，中国经济发展进入"新常态""新质生产力"，在此背景下，棉花加工企业要想生存发展，必须迎接挑战，提高综合竞争力。质量是棉花加工行业永恒的主题，通过以质量为中心的规模化、智能化发展，创建一个更智能、更高效、更安全的生产模式，提高质量、绿色发展、降低成本，实现棉花加工行业的优化升级，规范和引领行业技术进步，促进棉花产业高质量发展，是棉花加工行业持续健康发展的必然之路。

4.3　新疆机采长绒棉种植、加工的发展现状

中国新疆棉花种类主要分为细绒棉和长绒棉，自 1996 年新疆生产建设兵团开始进行采棉机械的引进试验和科研开发，通过 20 多年的发展已经实现了从手摘细绒棉向机采细绒棉的转变。GB 1103—2007《棉花　细绒棉》标准的实施，将手摘细绒棉与机采细绒棉有机结合，成为机采细绒棉种植加工成熟的标志。

中国 90％以上长绒棉均采用人工采摘，近几年人工采摘成本的增加使种植长绒棉的农户没有得到实际效益，且机器采收的长绒棉含杂率高、质量差，无法交

售，导致长绒棉种植面积总体上呈现下降趋势。为此，国家和科研部门都在共同想办法解决长绒棉生产过程中采摘成本高、采摘工人难找的问题。自 2016 年开始，相关部门开始探索中国新疆长绒棉如何采用机器采摘问题。

为了减少对纤维长度的损伤，无论是手摘长绒棉还是机采长绒棉，使用的轧花机均为皮辊轧花机。但由于皮辊轧花机本身对棉花中杂质的排除功能较弱，因此，机采长绒棉杂质的清除基本依靠加工工艺中的清花机。长绒棉纤维较长，棉纤维纠缠严重、死索丝多、杂质含量高，初始试验研发加工机采长绒棉的含杂率一般都会在 6.0%～7.0%，这也是纺织企业不能接受的含杂指标。通过连续不断地实验改进，已逐渐掌握影响机采长绒棉加工质量的关键因素，并通过完善设备工作原理和结构提升机采长绒棉加工指标。

为了保证机采长绒棉加工指标满足纺织企业的需要，从以下两个方面入手：一是研发机采长绒棉的品种种植采摘模式，使机器采摘的原棉保持良好的洁净率，降低不同采摘设备对机采长绒棉质量的影响；二是研发机采长绒棉的加工工艺及设备，通过合理工艺和清理设备进一步消除杂质，这也是工艺流程控制加工质量的重要手段。目前，机采长绒棉的品种、种植模式日趋成熟，但适合于长绒棉的机械采摘、加工技术才初见雏形，还需进行更深入的创新研发。

4.3.1　影响机采长绒棉发展的几个因素

品种。目前在新疆做长绒棉育种的科研单位只有两家，其中阿瓦提县农科院丰元科技有限责任公司研发的适合于机采长绒棉种植的种子新 78 已经成熟运用到生产当中。长绒棉种第一棉桃距离地面高度实现 2 厘米、棉纤维长度 39 毫米、断裂比强度 45 厘牛/特克斯、马克隆值 A 级等指标基本符合优质长绒棉的要求，但仍需研发提高长绒棉单产的品种，降低种植成本，提高农户收益。

种植。新疆的机采长绒棉借鉴了机采细绒棉的种植模式，其中脱叶剂喷洒效果、采摘时间、机械采棉机摘锭速度等参数直接影响机采长绒棉的品质。根据目前市场情况，使用国产采棉机采收的机采长绒棉平均含杂率为 23%；国外采棉机采摘的籽棉含杂率比国内采棉机低 5%。同时，机采长绒棉的索丝含量高于手摘长绒棉，特别是死索丝的含量较大，给设备清理加工带来难度，只能采用不同于机采细绒棉的加工工艺路线，增加了投资成本。

异性纤维含量。由于中国机采长绒棉种植与国外不同，仍采用地膜覆盖、滴灌带灌溉，因此，在采收环节势必造成地膜、滴灌带混入籽棉。而长绒棉用来纺高支纱、制作高档布料等要求不能有异性纤维存在，否则会影响染色，直接影响纺织品的质量和纺织企业的效益。对长绒棉加工来说，去除异性纤维是非常重要的环节。

加工。受机采长绒棉加工技术的成熟度、改造项目投资资金、机采长绒棉发展愿景的影响，由于用户对手摘长绒棉生产线改造为机采长绒棉加工生产线的积极性不足，因此创新研发和完善适合于机采长绒棉加工工艺及设备的工作迫在眉睫。

4.3.2 机采长绒棉种植、加工现状

新疆长绒棉的种植区域主要集中在新疆阿克苏市的阿瓦提县、喀什的岳普湖县和伽师县。阿瓦提县的长绒棉种植占据主导地位，2023 年新疆长绒棉种植面积约 20000 公顷（30 万亩），其中阿瓦提县长绒棉种植面积约 16667 公顷（25 万亩）。新疆长绒棉平均每公顷产皮棉 1650 千克，平均衣分 33%。目前在长绒棉种植区域，已经将手摘长绒棉生产线改造成机采长绒棉生产线的厂家不足 6 家。使用邯郸鑫牛农业科技有限公司的设备在已完成的机采长绒棉加工生产线改造厂家中占据多数，加工机采长绒棉的纤维长度损伤≤0.5 毫米、皮棉含杂指标实现 3.5% ～4.5%，基本符合长绒棉纺织特性的需求。

2023 年，由阿瓦提县农科院丰元科技有限责任公司、邯郸鑫牛农业科技有限公司、山东聊城大学等 5 家单位共同对机采长绒棉除杂及异性纤维智能分选生产线进行研发，并在阿瓦提县农科院建设实验平台获得实验成果。同时，新疆鲁泰集团投资建成了新疆三场丰收棉业有限责任公司的机采长绒棉皮辊加工生产线，引入国外产品和技术进行机采长绒棉生产线改造，现已进入试运行阶段。

4.3.3 机采长绒棉的加工工艺及设备技术分析

手摘长绒棉和机采长绒棉加工工艺的区别：手摘长绒棉和机采长绒棉采用的轧花机都是皮辊轧花机，只是由于机采长绒棉籽棉中含有较多的铃壳、棉秆、棉叶、索丝等杂质，需要不同类型的清花设备进行清理，因此，为进一步减少皮棉中杂质含量，增加了清理机采长绒棉的皮棉清理机。市场上手摘棉加工工艺基本相同，而机采长绒棉的加工工艺还没有形成统一的模式。下面以邯郸鑫牛农业科技有限公司的加工工艺为例，可以看出手摘长绒棉和机采长绒棉加工工艺的区别。

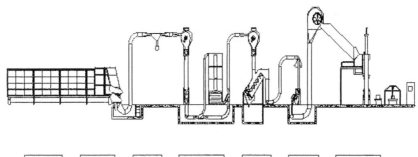

图 4－5　手摘长绒棉加工工艺流程图

1. 散状籽棉喂料机；2. 重杂物清理机；3. 籽棉卸料器；4. 籽棉喂料控制箱；

5. 籽棉烘干塔；6. 回收式籽棉清理机；7. 配棉系统；8. 皮辊轧花机；

9. 总犁棉；10. 打包机；11. 输包系统。

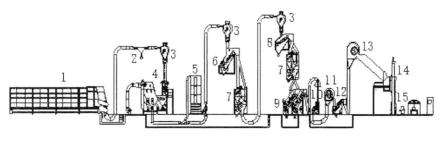

图 4－6　机采长绒棉加工工艺流程图

1. 散状籽棉喂料机；2. 重杂物清理机；3. 籽棉卸料器；4. 长绒棉异性纤维棉叶清理机；

5. 籽棉烘干塔；6. 长绒棉回收式籽棉清理机；7. 长绒棉清理机；

8. 长绒棉倾斜式籽棉清理机；9. 长绒棉回收倾斜式清理机；10. 配棉系统；

11. 皮辊轧花机；12. 集棉机；13. 长绒棉皮棉清理机；14. 打包机；15. 输包系统。

　　机采长绒棉加工工艺主要是在保持原棉品质的基础上解决杂质、索丝、异性纤维的清理，但受长绒棉纤维长度较长的影响，杂质、索丝、异性纤维更易被裹入籽棉当中，其清理过程的难度远大于机采细绒棉。虽然机采长绒棉清理设备与机采细绒棉的清理设备的原理相同，但完全照搬机采细绒棉清理设备的技术参数，设备运转过程中会造成棉花堵塞、索丝增加、长度整齐度下降等状况。机采长绒棉加工工艺与机采细绒棉加工工艺较大的区别是采用了双清理机工艺，目的在于对机采长绒棉的籽棉团进行充分的分解开松，利于籽棉中的大杂质和细小杂质的清除。保持长绒棉的棉纤维长度是整个加工过程中技术参数选择和配备的基础，在考虑提高清杂效率的同时，清理刺钉滚筒的转速及排杂机构以不损伤纤维长度为准则。同时，根据长绒棉纤维特性，在清理皮棉中细小杂质（比如棉叶）时，采用刺钉滚筒与格条栅组合的排杂方式，在确保不损伤纤维的情况下，有效地将皮棉中的细小杂质清除。

上述机采长绒棉清理设备和工艺在新疆阿瓦提新雅棉业有限公司已经运行了 2 年，其加工指标如表 4-3 所示。按现有的机采长绒棉工艺加工出的皮棉，总体上棉纤维长度损伤较小，长度整齐度也在可接受范围内。最大的指标问题是皮棉含杂率较高，轧花厂理想的皮棉含杂率不超过 3.5%，而实际上受籽棉采摘含杂率高、机采长绒棉工艺不尽完善以及设备参数调整不到位的影响，机采长绒棉的含杂率会达到 4%~6%，造成长绒棉销售困难。为确保机采长绒棉加工生产线的含杂指标不超过 3.5%，多数轧花厂采用降低设备产量的方式，致使产能仅为皮辊轧花机正常产能的 50%，给轧花厂加工人员的计件考核带来了隐患，造成轧花厂加工费用成本的增加。

表 4-3　长绒棉清理设备加工指标

序号	品种	回潮率（%）	含杂率（%）	长度（毫米）	马克隆值	整齐度	断裂比强度（厘牛/特克斯）
1	手摘长绒棉	6.5	1.3	38.5	4.3	87.2	45
2	机采长绒棉	6.2	3.8	38.2	4.4	86.9	43.8

4.3.4　优化机采长绒棉加工指标的措施

机采长绒棉刚开始起步，在手摘长绒棉生产线向机采长绒棉生产线改造过程中，轧花厂普遍抱有试试看的态度，清理设备的选择不完整致使机采长绒棉生产线改造不彻底，既要保证含杂率等指标又要保证产量的目标就很难实现。机采长绒棉加工是影响长绒棉发展的重要环节，即使机采长绒棉的品种、机器采摘能够满足农户的需求，但受机采长绒棉加工的影响，农户交售机采长绒棉存在很多不利因素，挫伤了农户种植长绒棉的积极性，影响机采长绒棉的发展。为此，笔者建议从以下几个方面着手研发：①研发适应长绒棉机采的采棉机核心部件，适应棉纤维较长的采摘，降低采摘过程中造成的含杂率和死索丝的含量。②机采长绒棉的清花设备的处理要大于皮辊产量的需求值，摊薄棉层、加大清理、提高产能。③保证清理设备喂入籽棉均匀，确保清花设备的清理效果。④创新研发清理设备除杂结构，加大清杂效率；同时研发高效皮棉清理机，在不损伤纤维长度的情况下清除皮棉中的杂质。⑤创新适合中国国情的机采长绒棉加工工艺，融入籽棉和皮棉的异性纤维清理，确保长绒棉异性纤维含量较低。

4.4　棉花加工包装标识和堆垛技术的发展与应用研究

随着科技的飞速发展，智能化技术已经成为推动各行各业进步和转型升级的关键引擎之一。在农业领域，尤其是棉花加工行业，智能化技术的应用正在逐步改变着传统的生产方式和管理模式，为棉花生产加工带来了全新的发展机遇与挑战。棉包包装标识与堆垛作为棉花加工生产链中的重要环节，一直以来都是影响加工效率的关键因素。传统的包装标识和堆垛方式往往依赖人工操作，存在着标识不准确、堆垛效率低等问题，制约了棉花加工的发展。然而，随着智能化技术的不断创新与应用，智能化包装标识与堆垛技术正逐渐成为解决这些问题的有效途径。本章旨在深入研究智能化时代下棉花加工行业中包装标识与堆垛技术的发展和应用现状，探讨智能化技术在棉花加工中的潜在作用和未来发展趋势。通过对传统方式和智能化技术的对比分析以及对挑战与对策的探讨，旨在为棉花加工行业的智能化转型提供理论指导和实践支持。在智能化技术的引领下，可以充分挖掘棉花加工行业的潜力，提高生产效率，推动棉花加工行业朝着数字化、智能化、绿色化的方向迈进，为构建现代棉花加工行业作出积极贡献。

4.4.1　包装标识技术与智能化应用

传统的棉包包装标识通常依赖人工操作，存在着一系列局限性，限制了其在棉花加工中的应用效果和发展空间。首先，传统棉包包装标识的准确性受到人为因素的影响较大，容易出现标识不清晰、错误贴标等情况，导致棉包信息不准确，影响了棉花包装的品质和市场竞争力。其次，传统棉包包装标识方式通常需要大量的人力投入，人工操作成本较高且效率较低。在高强度、大规模的生产环境下，人工标识往往无法满足快速、精准标识的需求，限制了棉花加工效率的提升和生产规模的扩大。

智能化技术的快速发展为解决传统包装标识的局限性提供了新的解决方案，为棉花加工行业的包装标识带来了新的发展机遇。首先，智能化技术（如计算机视觉、图像识别等）在棉包包装标识中的应用，可实现标识过程的自动化和智能化。通过高精度的图像识别算法，智能化系统能够准确识别和定位棉包位置，实现自动化的标识操作，大大提高了标识的准确性和效率。其次，智能化包装标识系统具有较强的灵活性和可定制性。通过智能化系统的参数设置和程序控制，可以根据不同企业的要求进行个性化定制的标识设计，满足市场多样化的需求，提升棉包的差异化竞争优势。最后，智能化包装标识技术还可实现数据的实时监测和管理。通过与信息化系统的连接，智能化标识系统可以实现对棉包信息的实时记录和管理，为生产过程的监控和管理提供了重要支持，提高生产管理的科学化和智能化水平。

4.4.2 传统堆垛技术与智能化应用

传统的棉包堆垛方式存在着诸多挑战，制约了作业效率和堆垛质量的提升，需要寻求智能化技术的解决方案。首先，传统堆垛方式依赖人工操作，存在堆垛不稳定、堆垛时长不均匀等问题。由于棉花加工产量和密度较大，手工堆垛容易造成堆垛不平整，导致失稳、倒塌等安全隐患，影响生产安全和工作效率。其次，传统堆垛方式的效率较低，无法满足大规模生产的需要。人工堆垛需要耗费大量人力物力且操作速度较慢，导致了堆垛过程的低效率和生产效率的下降。

智能化技术的快速发展为解决传统堆垛技术的挑战提供了新的解决方案，为棉花产业的堆垛操作带来了新的发展前景。首先，智能化堆垛系统可采用激光雷达、传感器等设备进行实时监测和控制，实现堆垛过程的自动化和智能化。通过精确的定位和控制算法，智能化系统可以实现对棉包堆垛过程的实时监测和调节，保证了堆垛的稳定性和安全性。其次，智能化堆垛系统具有较高的堆垛效率和生产能力。与传统的手工堆垛相比，智能化堆垛系统能够实现自动化操作，大大提高堆垛的速度和效率，减少了人力物力的浪费，降低了生产成本。

4.4.3　技术发展趋势与展望

智能化技术在棉花加工行业中的应用前景广阔，未来的发展趋势主要体现在以下几个方面。

智能感知技术的不断提升。随着人工智能和传感器技术的不断进步，智能感知技术将更加普及和成熟。智能感知技术可以实时监测和分析棉花生产过程中的各种数据，包括温湿度、气体浓度、产品质量等，为生产过程提供更加精准的数据支持。

智能算法的应用拓展。智能算法在棉花加工行业中的应用将更加广泛和深入。通过机器学习、深度学习等技术，智能算法可以对海量数据进行快速分析和处理，发现数据之间的规律和关联，为决策提供更加科学的依据。

智能装备的普及应用。智能化技术将进一步普及棉花加工装备中，如智能化包装机、智能化堆垛机等。智能装备的应用可以实现生产过程的自动化、智能化，提高生产效率和产品质量，降低生产成本。

物联网技术的融合发展。物联网技术与智能化技术的融合将推动棉花加工行业向着数字化、智能化方向发展。通过物联网技术实现设备之间的互联互通，实现生产过程的信息化和智能化管理，提高生产效率和资源利用率。

智能化技术的快速发展将带来棉花加工行业的产业变革和巨大机遇。智能化技术的应用将大幅提高棉花加工行业的生产效率。自动化的生产流程和智能化的生产设备可以实现生产过程的快速、精准操作，有效节约时间和人力成本，提高生产效率。

4.4.4　挑战与对策

技术研发投入与成本控制。技术研发需要大量资金投入，而成本控制是加工企业持续发展的重要因素之一，如何在技术研发过程中保持资金的充足，并控制好成本，成为企业面临的重要挑战。加强产学研合作，与高校和科研机构合作开展技术研发项目，共享资源和成果，降低研发成本，充分利用政府出台的科技创新政策，争取到相关的科研资金和税收优惠政策，减轻企业研发的负担；合理规划技术研发项目，优化研发团队结构，精准定位研发方向，降低不必要的投入，提高研发效率。

技术标准与产业规范化。技术标准的缺乏和行业规范化程度低，会影响智能化技术在棉花加工行业中的应用和推广。积极参与相关技术标准的制定和修订，推动建立与智能化技术应用相关的行业标准，促进产业规范化发展；建立行业间的合作联盟，共同制定行业规范，推动产业发展朝着统一的方向发展。加强企业内部质量管理体系建设，确保产品符合国家和行业标准要求，提升企业在产业链中的地位和竞争力。

人才培养与技术普及。智能化技术的应用需要大批的高素质人才，而当前人才培养和技术普及的不足成为制约智能化技术在棉花加工行业中应用的"瓶颈"。加大对相关专业人才的培养力度，开设与智能化技术相关的课程，提高学生的智能化技术应用能力；建立加工企业与高校、科研院所的合作平台，共同开展智能化技术的研发与应用，加速人才培养和技术普及；针对加工企业员工和从业人员，开展智能化技术培训，提升其对智能化技术的了解和应用能力，促进技术在实践中的普及和应用。

4.5 棉花加工数字化关键技术装备研发与应用

4.5.1 研究背景与意义

新疆是中国优质棉花种植与生产基地，2023年棉花产量达511.2万吨，占全国棉花总产量的91%。目前，新疆已基本实现棉花生产全程机械化，耕种收综合机械化率达到94.49%。虽然近年来棉花加工技术取得了较大进步，但在棉花加工环节还存在关键技术缺失、数据信息不完整以及数据孤岛等问题亟待解决，具体表现为：棉花加工环节存在数字化水平不高、棉花品质实时数据缺失、工艺调控仍然依靠人工经验完成、工人劳动强度大、生产效率低。这些都严重制约棉花加工品质提升与数字化加工技术的发展，整个棉花生产加工过程亟须进行数字化、智能化技术升级。

为此，通过加快棉花加工数字化关键技术研究，研发收购环节籽棉品质"一试五定"快速检测、皮棉品质在线实时检测及棉花加工智能化调控等技术装备，有效突破棉花长度与强度检测"卡脖子"技术，科学指导棉花分类堆垛、因花配车、分类组批；建立棉花质量追溯系统、棉花安全生产监控与预警系统、棉花加工品质在线检测与智能调控系统等有机结合、协同运作的高效机制，进一步提高棉花加工质量，促进企业提质增效，为推动棉花加工企业数字化、智能化技术转型升级提供新动能。

4.5.2 棉花加工数字化技术装备研发与现场应用

籽棉品质"一试五定"快速检测系统（图 4-7）综合运用机器学习与视觉成像等检测技术，突破了收购环节棉花品质快速检测技术瓶颈。该系统采用"大杂机械清理＋视觉杂质检测"方法，通过局部自适应阈值方法实现对细小杂质的精准分割与识别；采用多电压分段检测与恒定压力法实现回潮率精准测量；基于"视觉光学＋机器学习"的长度与强度检测方法，根据梳夹随机取样后的棉束图像灰度值变化规律实现纤维长度的快速检测，结合灰度图像特征与拉力传感信息实现断裂比强度检测。

通过系统技术集成，研发收购环节籽棉品质"一试五定"快速检测系统，实现了棉花回潮率、含杂率、长度、强度、衣分率和马克隆值等"一试五定"参数指标的一体化智能检测，单个样品检测时间从传统的 20～30 分钟压缩到 5 分钟以内，且检测结果实时上传至籽棉收购系统与棉花质量追溯平台，有效提高籽棉检验与收购效率，促进公平交易。

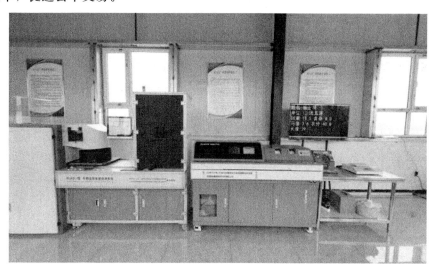

图 4-7 籽棉品质"一试五定"快速检测系统

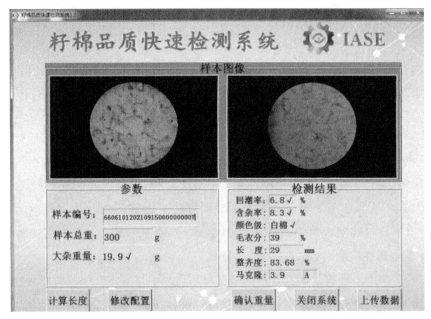

图 4-7　籽棉品质"一试五定"快速检测系统（续）

根据籽棉品质"一试五定"快速检测结果，能够有效指导交售的籽棉按照品种、回潮率、含杂率、长度等指标分类堆垛、分类加工，避免交售籽棉存放多乱杂，提高付轧籽棉的一致性，为棉花数字化加工提供支撑与基础保障。截至 2023 年年底，籽棉品质"一试五定"快速检测系统已在兵团第二师、第七师、第八师、第十二师及自治区精河县共 26 个棉花加工企业示范应用，累计收购棉花约 89 万吨，取得显著的经济效益。

自适应调整型锯齿轧花机采用棉卷密度智能感知与自适应调节技术，融合棉卷压力、含杂率和回潮率等关键参数研发了轧花机棉卷密度快速检测装置以及棉花喂入量自动调节系统，突破了棉花加工数字调控难题，实现了轧花过程的数字化调控。在此基础上，根据采集的采棉机棉卷追溯信息、坐标等关键数据，创制采棉机信息监测技术装置；基于物联网、数字编码、无线传输与互联网等技术，创制追溯码快速识别装置，研发棉花数字化加工调控系统，为棉花加工数字化调控及全程质量追溯提供支撑。

图 4 - 8　棉花品质在线实时检测系统

棉花品质在线检测系统采用棉花精准取样与在线检测技术，创制了棉花品质在线检测技术装备，实现加工过程中皮棉回潮率、含杂率、长度、强度及马克隆值等重要品质指标实时监测。棉花加工企业能够依据加工品质实时调控棉花加工工艺，有效降低能耗，提高加工效率；指导不同等级的皮棉棉包分类组批、分级堆放，提高棉花加工质量与企业经济效益。2023 年棉花品质在线检测系统已在新疆北亭棉业有限公司棉花加工生产线运行使用，系统累计在线检测棉样 3.5 万份，实现棉花加工品质的在线实时检测，为指导企业提高棉花加工质量与分类组批提供科学决策支持。

图 4 - 9　棉花品质在线实时检测系统

4.5.3 技术优化与研究升级

棉花产业的发展，科技是决定性的力量。通过数字技术、人工智能、大模型等新技术与棉花生产加工过程深度融合，不断探索在棉花加工行业的智能化应用场景，持续开展在棉花品质检测与数字加工领域技术研究与装备研发，能够有效赋能棉花加工数字化转型升级，实现棉花加工质量与企业经济效益双提升，进一步增强我国棉花的国际竞争力，促进棉花产业高质量发展。

4.6 丰富包装材料种类提升售后服务水平促进行业健康发展

中国棉花协会数据显示，2023 年度全国棉花总产量为 585.5 万吨，其中新疆棉花产量达到 551 万吨，新疆棉花产量已经达到国内棉花总产量的 94.1％。中国农业部门一直将提高棉花生产全过程机械化水平作为重点工作在推进，为采棉机械化的发展创造了有利条件，籽棉机采率逐年提高，2023 年度新疆棉花机采率在 89％左右。通过近 20 年的创新发展，棉花包装作为棉花加工的一项重要环节也得到了迅速发展，国内市场棉花包装聚酯捆扎带已经做到 100％覆盖，国外市场棉花包装聚酯捆扎带已经沿"一带一路"出口至乌兹别克斯坦、哈萨克斯坦等国家，尤其是乌兹别克斯坦，其使用的新型棉花包装材料全部采用我国产品，并且该国家的标准在修订时也采纳了中国棉花包装聚酯捆扎带的高性能指标。

4.6.1 不断丰富产品种类，充实包装材料类型

中国既是用棉大国也是产棉大国，作为棉花加工、物流的配套产品——棉花新型包装材料的使用也至关重要。目前国内主流的棉花包装材料采用的是塑料包装及机织纯棉布包装，而美国、澳大利亚等国家的棉花包装一直使用塑料包装和棉布包装（机织、针织纯棉布包装）。美国棉花工业包装联合会在棉花包装材料规格的指导手册中也说明棉包可采用机织或针织包装物对棉包进行包装，国际标准 ISO 8115－3 中明确表明棉包应被（机织或针织）面料制成的保护套包全覆盖。2023 年国内的棉花包装材料增加新成员——针织纯棉布包装袋，适用于国内的棉包类型，丰富了棉花包装材料的结构，充实了适用于国内棉花包装材料的类型。

图 4 - 10　针织纯棉布包装袋

2023 年 4 月 25 日行业标准 GH/T 1416—2023《棉花包装用纯棉布包装袋》发布，2023 年 10 月 1 日开始实施。该标准对棉花包装用纯棉布包装袋的术语和定义进行了界定，规定了外观、性能要求和缝制等技术要求以及标志、包装、运输和储存等其他方面的要求，并针对技术要求描述了相应的试验方法与检验规则。根据纯棉布的织造方式，标准中将纯棉布包装袋分为两类：机织纯棉布包装袋和针织纯棉布包装袋。标准强调，棉花包装用纯棉布包装袋应适用于国家标准 GB 6975—2013《棉花包装》中的套包法和捆扎法，布、线的材质应为未经化学处理的纯棉材料，袋体应为本白色，且颜色均匀、无污染、无破损。在使用时，棉花包装用纯棉布包装袋应无断线、无露棉现象。机织纯棉布包装袋的技术指标引用的是 GB 6975—2013《棉花包装》中的技术要求（表 4-4）。

表 4 - 4　机织纯棉布包装袋性能要求

项目	密度（根/10 厘米）	断裂强力/牛顿
经向	≥118	≥180
纬向	≥118	≥220

针织纯棉布包装袋的干燥重量及顶破力技术指标如表 4-5 所示。

表 4 - 5　针织纯棉布包装袋性能要求

干燥重量（克/平方厘米）	顶破力/牛顿
≥145	≥240

该项行业标准属于全国棉花加工标准化技术委员会标准体系表中"102 产品标准"的"102—07 棉花包装材料仓储物流产品及加工设备标准"，并与 GB 6975—2013《棉花包装》、GH/T 1089《棉花包装用聚乙烯套袋》、GB/T 21530《棉花打包用镀锌钢丝》、GB/T 32340《棉花包装聚酯捆扎带》形成相互支撑。通过该标准的制定，不仅可以有效降低棉花加工单位的生产成本、降低劳动强度、提高棉包的透气性，而且操作方便，提高棉包整体包装效率，推动棉花包装材料行业健康发展，加速包装材料与国际棉花包装接轨。

4.6.2　提升行业服务水平，促进行业健康发展

我国的棉花包装材料及新技术的推广应用得到了迅速发展，虽然产品在技术管理、质量管理水平方面得到了提升，但是售后服务水平还存在着参差不齐的现象。作为产品质量的延伸，售后服务是企业品牌形象的重要构成部分，也是提升企业竞争力的方式之一，完善的售后服务体系在产品性能改进、技术创新、提高客户满意度等方面起到至关重要的作用。

2023 年 9 月 13 日，行业标准 GH/T 1426—2023《棉花包装材料加工企业售后服务评价规范》发布，2024 年 3 月 1 日实施，适用于管理机构、企业和第三方评价机构对棉花包装材料加工企业售后服务质量的评价活动，经销商售后服务质量的评价也可参照使用。通过该标准的制定，可以有效衡量棉花包装材料加工企业售后服务水平和售后服务能力，提升创新能力、提高服务效率，持续改进和完善企业的售后服务体系，对树立中国棉花包装材料品牌、促进产业健康发展具有非常重要的意义。

随着上述两项行业标准的发布与实施，可进一步提高棉花包装材料的技术和售后服务管理，围绕快速发展的棉花包装材料市场，提高创新能力、加强质量管控、强化品牌意识，提升售后服务水平、完善售后服务体系、提高企业诚信、推动行业可持续健康发展，为棉花产业赋能。

4.7　棉副产品加工由粗放型向精细化发展

棉籽是棉花加工的副产物，近几年稳定在 670 万～700 万吨，棉籽加工总产值约 300 亿元，是重要的油脂和蛋白原料。早期的棉籽主要用来榨油，棉籽加工企业产品单一、规模较小，棉短绒作为纺织原料，棉籽饼直接作为饲料，棉籽壳直接废

弃处理。由于棉籽是大宗油料，受大豆行情影响较大，因此单纯加工棉籽油风险很高，随着棉籽蛋白重要性凸显，棉籽壳成为菌类重要培养基，棉籽加工行业逐步向集中化、产业化发展。大型高科技棉副产品加工企业以棉籽综合利用为抓手，以"高品质、低成本"为发展方向，在技术和装备两方面协同提升，完成了棉籽多级除杂及短绒品质提升、棉仁双溶剂低温脱脂脱酚、高含批棉籽糖和高纯度醋酸棉酚高附加值产品开发、低残油棉籽壳、近红外在线精准监控及生产自动化等系列关键技术攻关及装备配套，带动我国棉籽综合利用加工工艺技术和装备全面升级，促进棉籽精深加工行业崛起。

随着棉籽加工产业的发展，棉籽加工原料由光棉籽变成毛棉籽；棉籽蛋白的价值进一步提升，向棉籽油看齐；棉籽壳工厂化产品质量大幅提升；棉短绒生产工艺提升，随着清绒技术突破，棉短绒生产由多道绒转成混绒工艺，品质提升的同时大大提高了棉短绒的回收率，同时为后端蛋白产品加工提供便利。棉籽加工设备由间歇、分段加工逐步向连续、自动化、数字化、智能化发展，棉籽蛋白含量更稳定、棉短绒品质更好，近 4 年数据对比见表 4－6。

表 4－6　棉副产品品质变化

年份	蛋白含量（克）	棉短绒硫酸不溶物（克）	备注
2016—2019	50.5±1.0	7.9	棉短绒硫酸不溶物越低，短绒品质越好
2020—2023	50.0±0.2	7.4	

棉籽加工虽然是初级农产品加工，但其产品棉籽油和棉籽蛋白事关食品安全，而棉短绒、棉籽壳又是下级工业品的源头，各产品均需制定产品标准进行引导和规范。棉花加工标委会为棉籽加工制定了完整的标准体系，从原料毛棉籽、光棉籽到各个产品甚至是附加值产品棉籽糖、棉酚均建立了国家或行业标准，促进了棉籽加工行业的发展。正在制定的毛棉籽行业标准与时俱进，规范了新原料；GH/T 1262—2019《棉籽壳》带动了饲料和培养基高质量发展；GB/T 29885—2013《棉籽质量等级》为棉籽蛋白价值提升奠定了基础。

为满足市场需求，泰坤、晨光生物、金兰等大型棉副产品加工企业通过不断改进工艺，开发出棉籽蛋白含量在 65％以上的棉籽浓缩蛋白，极大丰富了目前蛋白紧缺的饲料原料市场，在豆粕和鱼粉蛋白部分替代方面发挥了积极作用。棉籽蛋白主要作为饲料蛋白使用，蛋白含量对饲料配方至关重要，蛋白含量及稳定性是棉籽加工行业的重要评级指标也是技术难题。在生产过程中，用这些指标监控产品稳定性；在贸易过程中，饲料厂按棉籽蛋白产品每批的质量指标定价。

棉籽加工行业是粗放型企业，仅通过产品后端反馈不能满足饲料行业精准需求。晨光生物在生产线上率先引进"四点"近红外在线监测系统，创新配置 PLC 控制模块，建立棉籽加工检测全链条自动化控制系统，实现了脱酚棉籽蛋白生产前端自动工艺调节和后端反馈性指控的全面联动，一改棉副产品加工粗放型模式，蛋白产品质量稳定性从±1.0％控制到±0.2％以内，棉籽含杂率由 1.5％降至 0.5％以下，光籽残绒由 5％降至 3％以下，产品质量均高于现行标准。

目前，中国棉籽副产品的综合利用程度较高，但产品质量和生产效率还参差不齐。现行行业标准 GH/T 1042—2007《脱酚棉籽蛋白》在质量规格上已不能满足行业发展的需要，亟须修订；随着工艺提升，短绒产品还没有合适的标准，正在制定的《棉短绒加工技术要求》针对短绒加工工艺进行了规范。一些大型企业已形成了较成熟的加工管理模式，具备制定棉副产品生产加工规范的条件和能力。棉副产品加工规范的制定对指导棉籽高效利用、提高产品质量、促进行业自动化、数字化提升具有重要意义，将引导行业整体水平提升，为进一步提升棉副产品附加值注入创新和发展活力。

棉籽加工产业在中国农业中具有重要的地位，其发展对于农业经济和社会发展都具有重要意义。当前，棉籽加工产业已经取得了一定的成果，但仍存在一些问题和挑战，未来企业仍需加强科技创新、优化生产工艺、加大对副产品的开发和利用力度，以适应市场需求的变化，提高产业整体竞争力。

4.8　全国棉花加工标准化技术委员会工作

按照中华全国供销合作总社科教社团部总体规划和全国棉花加工标准化技术委员会（以下简称"标委会"）的工作部署，以国家标准化管理委员会发布的《国家标准化发展纲要》（以下简称《纲要》）精神为指引，认真落实 2023 年全国标准化工作要点，不断完善行业标准体系，提高标准的系统性、协调性、开放性和适应性，提升标准质量和水平，助力棉花全产业链标准体系搭建，助推棉花产业高质量可持续发展。一年来，完成了 5 项行业标准的发布工作；推进了国家标准外文版工作；组织召开标准讨论会 5 次、标准审查会 5 次、推荐性国家标准复审会 1 次；宣贯推广新标准，开展"每周一标"宣贯活动；贯彻落实《推进棉花产业高质量可持续发展标准化工作行动方案》，推进棉花产业链标准化协同创新和发展；参与国家关键急需标准制修订工作；组织"标准化基础知识与棉花加工标准化"公益培训，加强专业人才队伍建设，开展基层调研活动，研究制定行业急需的高质量精品标准，组织标委会 2023 年工作总结会。

4.8.1　加强棉花加工标准体系建设，完成 5 项行业标准的发布工作

加大棉花加工行业急需标准的制修订工作力度，完成《成包皮棉数据技术要求》《籽棉收购计算机管理系统》《棉花包装用纯棉布包装袋》《无网棉胎》和《棉花包装材料加工企业售后服务评价规范》5 项行业标准发布工作。这项行业标准的发布有利于提升行业信息化管理水平、产品质量和售后服务能力，提高企业管理效率，降低生产成本，加速与国际棉花包装接轨，促进棉花产业链信息化系统建设的规范化管理和基础数据安全有序流通，发挥标准化在数字经济发展中的引领作用，推动企业遵循行业规则和规范，筑牢产品质量的安全底线，形成良好的市场秩序，助力产业健康发展。

4.8.2　加强国家标准外文版工作，助力棉花加工标准国际化水平提升

落实标准连通"一带一路"行动计划，2023 年 2 月 15 日，在北京组织召开 GB/T 35834—2018《机采棉加工技术规范》、GB/T 29885—2013《棉籽质量等级》2 项国家标准英文版审查会。这两项国家标准英文版的提出与实施，有助于促进标准的国际交流，解决中国对进口棉籽的质量要求，将国内高性能指标的先进标准要求推出国门，积极推进标准互认，真正做到以标准"走出去"带动产品、服务、装备和技术"走出去"，为进一步提高我国棉花行业国际竞争力、促进棉花加工领域国际贸易奠定了技术基础。

4.8.3　加快棉花加工行业标准体系建设，组织召开标准讨论会和技术研讨会

2023 年 3 月 2 日，在山东济南组织召开《棉包码包机》《棉短绒加工技术要求》讨论会。这两项行业标准的制定将大大提升棉花加工效率，引导棉短绒加工工

艺流程向标准化方向发展，降低棉花及棉短绒加工成本和工人劳动强度，推动中国棉花加工产业链整体结构的转型升级。

2023年4月18日，在北京组织召开《棉花包装材料加工企业售后服务评价规范》《籽棉收购计算机网络系统》和《无网棉胎》3项行业标准审查会。3项行业标准均通过专家审查，这3项行业标准的制定有利于提升棉花包装材料加工企业售后服务水平和售后服务能力，提高棉花收购、加工的信息化水平，推动无网棉胎加工企业技术进步并完善了标准体系，树立标杆品牌对促进整个产业健康发展具有重要意义。

2023年8月15日，在北京组织召开《锯齿轧花机》《皮辊轧花机》2项国家标准和《棉包码包机》行业标准审查会，3项标准均通过专家审查。2项国家标准的修订有利于提高锯齿轧花机的智能化水平和锯齿轧花机中关键零部件的制造精度，有利于推动中国棉花加工产业转型升级、淘汰落后加工产能，对实现我国棉花产业高质量发展具有引领作用。《棉包码包机》行业标准的制定将提升棉花加工效率，提高我国棉短绒加工水平和质量，为企业增加经济效益。

2023年12月21日，在北京组织召开《毛棉籽》《棉短绒加工技术要求》《机采籽棉专用聚乙烯包装膜》3项行业标准审查会。这3项行业标准的制定对棉副产品贸易、再加工和棉短绒加工的工艺流程以及机采籽棉包装有指导意义，能有效提高棉副产品再加工产品质量水平，引导棉短绒加工工艺流程标准化，有效降低因产品质量问题而出现的机采籽棉膜崩包和污染棉花的风险，提升籽棉膜的运输安全及便捷性，为棉花产业链赋能，提升棉副产品附加值，增加棉花加工企业和棉农经济效益，为棉花机械化安全采收提供保障。

4.8.4 持续优化标准体系，有序推进标准复审工作

根据国家标准化管理委员会秘书处《关于征求推荐性国家标准复审结论意见函》（标委秘函〔2023〕23号）要求，2023年8月31日以视频会议的形式组织召开棉花加工标准推荐性国家标准复审工作会议，有序推进棉花加工标准复审工作，提升标准质量和水平，推动棉花加工标准化高质量可持续发展。

4.8.5 积极开展基层调研活动，研究制定行业急需的高质量精品标准

标准中相关技术指标是标准的灵魂，技术指标及关键参数的科学性、符合性、适应性、有效性是标准化发展提升的重中之重。组织行业专家赴黄河流域、长江流域的主产棉区及新疆棉区开展了《锯齿轧花机》《皮棉清理机》《棉包码包机》等国家标准、行业标准关键技术指标验证，深入一线轧花厂及装备制造车间，对标准关键技术指标进行现场验证并座谈交流，扎实做好标准关键指标的实验验证与技术指标成熟度的评估，强化标准制修订过程管理。

积极参与国家市场监督管理总局组织的棉花全产业链标准化工作调研，赴新疆棉区深入调研棉花种植生产、收购加工、仓储物流、纺织服装等环节的标准体系建设情况，发挥标准化在推进棉花产业高质量可持续发展中的基础作用、引领作用，强化标准实施应用，优化标准供给结构，提升标准化技术支撑水平，促进棉花收购、加工、仓储体系的工艺改进、技术升级、效能提升，推进棉花全产业链标准体系建设，助推我国棉花标准质量和水平提升。

4.8.6 为实施新标准下好先手棋，开展每周一标宣贯月活动

2023 年 9 月，标委会分别对 2023 年 10 月 1 日实施的《棉花包装用纯棉布包装袋》和 2024 年 3 月 1 日实施的《无网棉胎》《棉花包装材料加工企业售后服务评价规范》《籽棉收购计算机管理系统》等 4 项行业标准的制定背景、主要技术内容、意义等方面在行业内进行解读和宣贯。

4.8.7 贯彻落实高质量可持续发展标准化工作行动方案

积极推进落实国家市场监督管理总局发布的《推进棉花产业高质量可持续发展标准化工作行动方案》，与新疆生产建设兵团图木舒克棉花检验测试中心建立合作关系，发挥各自科研和标准化优势，共同促进棉花产业链各环节健康、协调和稳定发展，推进棉花产业链标准化协同创新。

4.8.8 建言献策凝聚共识，参与国家关键急需标准制修订工作

参与 GB 1103.1—2012《棉花—细绒棉》修订工作，以中国棉花产业发展需求为根本宗旨，以推动棉花产业可持续高质量发展为根本目标，坚持标准体系思维和棉花全产业链思维，为该项强制性国家标准的修订提出建设性建议和意见。

4.8.9 人才培养

加强专业人才队伍建设，培养棉花专业人才，为棉花产业高质量发展提供坚实的人才保障。针对棉花加工专业技术及标准化人才短缺的情况，组织"2023 棉花加工标准化基础知识与应用技术"公益培训。培训内容立足于本行业的需求，既具有较强的理论性，又兼顾了工作中的可操作性，帮助专业技术人员更好地掌握标准化知识，提高专业技术人员标准化工作能力和国家行业标准立项及编写的质量水平，不断提升标准编写质量，促进品牌创建活动，加强专业人才队伍建设，为打造引领行业发展的高质量"精品"标准提供人才支撑。

为培养高水平专业技能人才队伍，积极参加中华全国供销合作总社举办的2023 年供销合作社标准质量与品牌工作培训班和中华全国供销合作总社科技管理与社团业务培训班以及国家市场监督管理总局举办的农业农村标准化线上培训班，提升工作人员专业素养和行业服务能力，拓宽工作思路，激发创新活力，为棉花产业高质量发展添砖加瓦。

4.8.10 标准应用情况

为确保棉花加工企业基本技术条件符合国家标准和技术规范，保障 2023 年度棉花收购加工质量，维护棉花市场秩序，保障棉花市场安全，推进棉花产业高质量发展。2023 年 6 月 20 日，新疆生产建设兵团市场监督管理局《关于开展 2023 年度棉花加工企业基本技术条件排查工作的通知》中，明确指出要严格按照 GB/T 18353—2018《棉花加工企业基本技术条件》、GB 6975—2013《棉花包装》等标准，在棉花收购加工开始前对棉花加工企业基本技术条件进行全覆盖排查。

4.9　小　结

本章主要由全国棉花加工标准化技术委员会提供，相关内容分别由中国棉花协会棉花工业分会、全国棉花加工标准化技术委员会、中华全国供销合作总社郑州棉麻工程技术设计研究所、中华棉花集团有限公司、北京智棉科技有限公司、山东天鹅股份有限公司、石河子大学、邯郸润棉机械制造有限公司、南通棉花机械有限公司、南通御丰塑钢包装有限公司和新疆晨光生物科技集团有限公司等相关人员主笔撰写，由安徽财经大学周万怀老师负责整理和完善。在此，对相关人员及单位一并致以衷心感谢！

第 5 章　产业研究动态

5.1　科研项目

5.1.1　总体情况简介

基于国家自然基金委网站和 LetPub 科学基金查询系统，以"棉花"为关键词检索了 2022—2023 年度国家级涉棉科学研究项目立项资助情况，如表 5-1 所示。2022 年度共立项 47 项，资助金额共 1956 万元，其中重点项目 1 项（资助金额 267 万元）、面上项目 12 项（资助金额 648 万元）、青年科学基金项目 25 项（资助金额 740 万元）、地区科学基金项目 9 项（资助金额 301 万元）；2023 年度共立项 43 项，资助金额共 1555 万元，其中面上项目 12 项（资助金额 602 万元）、青年科学基金项目 20 项（资助金额 600 万元）、地区科学基金项目 11 项（资助金额 353 万元）。综合来看，2023 年度相较于 2022 年度立项数量减少了 4 项，降幅达 8.5%，资助金额减少了 401 万元，降幅达 20.5%。

表 5-1　2022—2023 年度国家级涉棉科研项目概况

序号	基金名称	单位	金额（万元）	项目类型	批准年份
1	棉花抗黄萎病的遗传解析与调控网络研究	华中农业大学	267	重点项目	2022
2	GbTPR 蛋白调控棉花纤维伸长的分子机理	安阳工学院	54	面上项目	2022
3	GhTFL1 与 GhTMF 调控棉花株型的分子机理解析	华中农业大学	54	面上项目	2022

序号	基金名称	单位	金额（万元）	项目类型	批准年份
4	棉花 GhTOPP6 去磷酸化 GhANS 应答盐胁迫的调控机制	中国农业大学	54	面上项目	2022
5	部分根系干旱诱导棉花根源信号调控纤维发育的生理机制研究	南京农业大学	55	面上项目	2022
6	根系水力导度及其与根系形态协同影响棉花衰老的生理机制	河北农业大学	53	面上项目	2022
7	连年膜下滴灌的干旱内陆盆地棉花生境演化机制	中国地质科学院水文地质环境地质研究所	57	面上项目	2022
8	同化光学遥感与作物模型的棉花多年种植模式对产量的影响机制研究	华南师范大学	50	面上项目	2022
9	基于棉花冠层特征与沉积量预测模型的无人机精确喷施控制研究	华南农业大学	54	面上项目	2022
10	绿盲蝽取食诱导棉花水杨酸甲酯吸引寄生蜂的分子机制	中国农业大学	54	面上项目	2022
11	GhWRKY28- like 蛋白磷酸化和泛素化协同调控棉花对黄萎病的抗性	中国科学院微生物研究所	55	面上项目	2022
12	基于抗病蛋白 CkPGIP1 定点突变和密码子优化提高棉花对黄萎病抗性机理的研究	中国农业大学	54	面上项目	2022
13	棉花陆海渐渗系抗黄萎病主效 QTL（qVW-19-2）的精细定位及调控机制解析	安阳工学院	54	面上项目	2022

序号	基金名称	单位	金额（万元）	项目类型	批准年份
14	GhAGL8 调控棉花吐絮的分子机制解析	甘肃农业大学	33	地区科学基金项目	2022
15	GhPH-D7 基因调控棉花株高的分子机制研究	石河子大学	34	地区科学基金项目	2022
16	棉花冷调控基因 COR27（GhCOR27）响应低温胁迫的调控机理研究	新疆农业科学院	33	地区科学基金项目	2022
17	深度学习驱动无人机机载多源影像融合的棉花蚜虫危害检测方法研究	石河子大学	33	地区科学基金项目	2022
18	干旱区盐碱地增氧灌溉条件下棉花抗盐响应机理的研究	新疆农业科学院	33	地区科学基金项目	2022
19	膜下滴灌条件下磷肥运筹优化根系构型增强棉花抗盐碱机制的研究	新疆农垦科学院	33	地区科学基金项目	2022
20	基于海陆染色体片段代换系的棉花抗黄萎病基因鉴定及功能研究	石河子大学	34	地区科学基金项目	2022
21	棉花 lncRNA2237 调控棉籽发育过程中脂肪酸合成代谢的机制研究	石河子大学	33	地区科学基金项目	2022
22	不同土壤改良剂对 3 种塑化剂在土壤—棉花植株系统内迁移代谢行为的影响机理研究	新疆农业科学院	35	地区科学基金项目	2022

序号	基金名称	单位	金额（万元）	项目类型	批准年份
23	棉花异源多倍化着丝粒序列演化研究	中国农业科学院麻类研究所	30	青年科学基金项目	2022
24	GhFPF1 调控棉花避荫反应的分子机制研究	安阳工学院	30	青年科学基金项目	2022
25	CSEF 基因调控棉花体细胞胚胎发生的分子机制研究	华中农业大学	30	青年科学基金项目	2022
26	GhROP11-GhRIP2 调控棉花纤维比强度的分子机制研究	西南大学	30	青年科学基金项目	2022
27	亚洲棉光籽基因 GaFZ 调控棉花短绒的分子机理研究	中国农业科学院棉花研究所	30	青年科学基金项目	2022
28	类钙调素蛋白 GhCML41 调控棉花抗黄萎病的分子机制研究	中国农业科学院棉花研究所	30	青年科学基金项目	2022
29	GA-DELLA-WRKY 信号途径调控棉花纤维次生壁合成的分子机制	西南大学	30	青年科学基金项目	2022
30	棉花水通道蛋白基因 GhPIP2；7 调控耐盐性机理研究	中国农业大学	20	青年科学基金项目	2022
31	比较群体基因组学解析棉花重组演化和遗传变异机制	广东石油化工学院	30	青年科学基金项目	2022

序号	基金名称	单位	金额（万元）	项目类型	批准年份
32	棉花纤维素合酶互作新分子的发现及其调控机制探索	武汉大学	30	青年科学基金项目	2022
33	Vd424Y 与 GhTGA7 调控棉花抗黄萎病的分子机理研究	中国农业科学院棉花研究所	30	青年科学基金项目	2022
34	MIXTA 类转录因子 GhMML4_D12 调控棉花纤维产量形成的分子机制	江苏科技大学	30	青年科学基金项目	2022
35	棉花光合作用基因冷响应顺式调控元件的挖掘及功能分析	南通大学	30	青年科学基金项目	2022
36	棉花纤维品质主效 QTL（qFL-D02-1）的精细定位及候选基因克隆	河北农业大学	30	青年科学基金项目	2022
37	富含半胱氨酸的非分泌型肽 GhCYSTM9 调控棉花干旱响应的分子机制	河北省农林科学院	30	青年科学基金项目	2022
38	木尔坦棉花曲叶病毒 C4 蛋白抑制植物细胞自噬的机制研究	清华大学	30	青年科学基金项目	2022
39	利用导入系 HY2685 解析同时提高棉花纤维长度和强度的分子机制	浙江大学	30	青年科学基金项目	2022
40	GhRSL4 介导的油菜素内酯信号途径调控棉花纤维发育的分子机制研究	陕西师范大学	30	青年科学基金项目	2022

序号	基金名称	单位	金额（万元）	项目类型	批准年份
41	GhALKBH10B 介导 GhCNGC4 去甲基化参与调控棉花干旱响应的分子机制	华中农业大学	30	青年科学基金项目	2022
42	蛇床草－棉花伴种模式中天敌瓢虫的转移控蚜规律及化学信息驱动机制	山东省农业科学院	30	青年科学基金项目	2022
43	新型开花调节复合体 GhNF‐YA8‐GhELF3 介导棉花开花的分子机制	曲阜师范大学	30	青年科学基金项目	2022
44	非特异性脂质转运蛋白基因 GhnsLTPsA10 调控棉花抗枯、黄萎病分子机制研究	河北农业大学	30	青年科学基金项目	2022
45	野生植物抗黄萎病菌根际微生物组及在棉花上的抗病遗留效应研究	南开大学	30	青年科学基金项目	2022
46	新疆膜下滴灌棉花水分生产力与收获指数的水盐胁迫响应过程评估及应用	中国农业大学	30	青年科学基金项目	2022
47	基于棉花 TEM2＿A03 转录因子靶向结合位点海陆种间变异的纤维发育调控机理研究	安阳工学院	30	青年科学基金项目	2022
48	棉花转录因子 GhMYB18 调控棉花抗蚜性研究	长江大学	50	面上项目	2023
49	棉花 SSVN 基因精细调控细胞死亡和广谱抗病的分子机制	河北农业大学	50	面上项目	2023

序号	基金名称	单位	金额（万元）	项目类型	批准年份
50	orf610a 调控棉花细胞质雄性不育的分子机制研究	中国农业科学院棉花研究所	50	面上项目	2023
51	GhCIPK20 基因调控棉花耐热分子机制研究及耐热新材料创制	浙江大学	50	面上项目	2023
52	葡萄糖转运蛋白 GhSWEET42 调控棉花纤维伸长机制的研究	中国农业科学院棉花研究所	50	面上项目	2023
53	棉花激素响应模块 ARF18-ARR10-SELTP 调控植株再生的分子机理研究	山东农业大学	50	面上项目	2023
54	棉花氧化固醇结合蛋白 GhORP3A 调控纤维细胞伸长的分子机制研究	西南大学	50	面上项目	2023
55	苔藓 ScALDH21 基因协同提高棉花产量与黄萎病抗性的分子机制解析	中国科学院新疆生态与地理研究所	52	面上项目	2023
56	棉花单粒精播调控幼苗弯钩与叶枝发育促进出苗和稳产的机理	山东省农业科学院	50	面上项目	2023
57	生长素响应因子 GhARF3-A10 调控棉花适应干旱胁迫的功能和分子机制	河北农业大学	50	面上项目	2023
58	qFL-c10-2 调控棉花纤维长度的分子机制及其与 qFL-c10-1 的聚合	华中农业大学	50	面上项目	2023
59	LncRNA67-GhCYP724B 调控油菜素内酯合成及与 Aorf27 互作影响棉花不育机制研究	中国农业大学	50	面上项目	2023

序号	基金名称	单位	金额（万元）	项目类型	批准年份
60	GhRL 基因调控棉花叶形发育的分子机制研究	石河子大学	32	地区科学基金项目	2023
61	新疆沙漠绿洲区棉花幼苗风沙损伤及防护设计研究	石河子大学	31	地区科学基金项目	2023
62	NO 缓解铝毒抑制棉花根系生长的生理机制	江西农业大学	32	地区科学基金项目	2023
63	GhHDT4D 在棉花干旱应答中的功能及作用机理研究	新疆师范大学	32	地区科学基金项目	2023
64	棉花钙依赖蛋白激酶 GhCDPK4 调控黄萎病的功能及机制研究	新疆农业科学院	32	地区科学基金项目	2023
65	GhCDPK4 基因参与棉花干旱应答和棉纤维发育的功能与分子机制	石河子大学	32	地区科学基金项目	2023
66	基于"人工智能算法＋高精度遥感数据"的棉花表型信息识别及解析	新疆农业大学	32	地区科学基金项目	2023
67	面向新疆棉花全产业链的数据要素权属确定关键技术研究	新疆大学	32	地区科学基金项目	2023
68	棉花黄萎病菌木聚糖降解酶基因参与互作的分子机制及 RNAi 研究	石河子大学	32	地区科学基金项目	2023
69	残膜对微咸水膜下滴灌棉花土壤水盐运移的影响机理研究	石河子大学	33	地区科学基金项目	2023

序号	基金名称	单位	金额（万元）	项目类型	批准年份
70	水肥一体化下棉花根际对土壤供磷强度和根系空间协同的响应机制	新疆农业大学	33	地区科学基金项目	2023
71	GhTRM32调控棉花纤维伸长的分子机制研究	中国农业科学院棉花研究所	30	青年科学基金项目	2023
72	棉花光能利用率的高通量获取研究	中国农业科学院棉花研究所	30	青年科学基金项目	2023
73	GhWRKY207调控棉花响应冷胁迫的分子机制研究	河南大学	30	青年科学基金项目	2023
74	GhSAL1调控棉花出苗期低温响应的分子机制研究	中国农业科学院棉花研究所	30	青年科学基金项目	2023
75	棉花抗虫化合物半棉酚酮的生物合成研究	中国科学院分子植物科学卓越创新中心	30	青年科学基金项目	2023
76	基因GhXyn10C调控棉花种子发育的分子机制研究	浙江大学	30	青年科学基金项目	2023
77	棉花黄萎病菌效应子VDAG_09506的鉴定与功能分析	聊城大学	30	青年科学基金项目	2023
78	棉花根系响应干旱胁迫的多组学驱动机制及表型调控	中国农业大学	30	青年科学基金项目	2023
79	外源褪黑素对干旱胁迫下棉花微根系衰老的调控效应及机制	河北农业大学	30	青年科学基金项目	2023

序号	基金名称	单位	金额（万元）	项目类型	批准年份
80	基于 WUS 基因沉默策略实现棉花简易高效基因组编辑技术的研究	新疆农业大学	30	青年科学基金项目	2023
81	棉花 GhMYB42 在理想株型建成和黄萎病抗性提升中的协同调节机制解析	广西大学	30	青年科学基金项目	2023
82	细胞壁关联激酶 GhWAK13 调控棉花黄萎病抗性和 AM 真菌共生的机制	河南大学	30	青年科学基金项目	2023
83	干旱区根系提水对棉花根际氮素吸收的作用机理及模型模拟研究	河海大学	30	青年科学基金项目	2023
84	棉花抗枯萎病主效基因 Fov7 识别枯萎病菌和激活免疫的机制解析	华中农业大学	30	青年科学基金项目	2023
85	花铃期低温冷害对新疆棉花生长发育及产量影响机理与模拟研究	河南省气象科学研究所	30	青年科学基金项目	2023
86	棉花类受体胞质激酶 vи 亚家族蛋白 GhRLCK7 调控 chitin 激发免疫反应的分子机理	中国农业大学	30	青年科学基金项目	2023
87	Na^+/H^+ 逆向转运蛋白 K2-NhaD 提高棉花耐旱性的分子机制研究	中国农业科学院生物技术研究所	30	青年科学基金项目	2023
88	棉花适应旱盐胁迫的叶片结构特征及其调控二氧化碳传输的生理机制	西北农林科技大学	30	青年科学基金项目	2023

续表

序号	基金名称	单位	金额（万元）	项目类型	批准年份
89	DNA 甲基化相关基因 GhDCL3-D13 调控陆地棉花药高温下育性的机理研究	华中农业大学	30	青年科学基金项目	2023
90	干旱响应蛋白激酶 GhCIPK6D1 和 GhCIPK6D3 调控棉花抗旱性功能分化的机制研究	华中农业大学	30	青年科学基金项目	2023

5.1.2　主要涉棉科研机构概况

基于表 5-1 统计了 2022—2023 年度国家级涉棉科研单位所获得的国家级科学研究项目情况，各项单位概括如表 5-2 所示。可以看出，从立项数量方面看，石河子大学、华中农业大学、中国农业大学和中国农业科学院棉花研究所位于涉棉科学研究的第一梯队，立项数量超过了 8 项，河北农业大学、安阳工学院和新疆农业科学院、西南大学、浙江大学和新疆农业大学位于第二梯队，获得 3 项或以上的基金项目，山东省农业科学院和河南大学位于第三梯队，获得 2 项基金项目，其他单位在棉花领域的研究具有一定的偶然性，但立项单位相对过去分布更广；从获得资助的经费规模来看，超过 500 万元的单位只有华中农业大学，超过 200 万元的单位有中国农业大学、石河子大学、中国农业科学院棉花研究所和河北农业大学，虽然石河子大学的立项数量最多，但由于项目类型均为地区科学基金项目，项目经费总额并不突出，100 万～200 万元的单位有安阳工学院、新疆农业科学院、浙江大学和西南大学，其他均在 100 万元以下。从以上分析结果可以看出，涉棉科研主体以农业类高校和农科院下属科研院所为主，部分综合类高校依托优势学科也有所介入。

表 5-2　2022—2023 年度国家级涉棉项目立项单位概况

序号	单位名称	所属地区	经费	数量
1	石河子大学	新疆	294	9
2	华中农业大学	湖北	521	8

续表

序号	单位名称	所属地区	经费（万元）	数量（项）
3	中国农业大学	北京	322	8
4	中国农业科学院棉花研究所	河南	280	8
5	河北农业大学	河北	243	6
6	安阳工学院	河南	168	4
7	新疆农业科学院	新疆	133	4
8	西南大学	重庆	110	3
9	浙江大学	浙江	110	3
10	新疆农业大学	新疆	95	3
11	山东省农业科学院	山东	80	2
12	河南大学	河南	60	2
13	中国地质科学院水文地质环境地质研究所	福建	57	1
14	南京农业大学	江苏	55	1
15	中国科学院微生物研究所	北京	55	1
16	华南农业大学	广东	54	1
17	中国科学院新疆生态与地理研究所	新疆	52	1
18	华南师范大学	广东	50	1
19	山东农业大学	山东	50	1
20	长江大学	湖北	50	1
21	甘肃农业大学	甘肃	33	1
22	新疆农垦科学院	新疆	33	1
23	江西农业大学	江西	32	1
24	新疆大学	新疆	32	1
25	新疆师范大学	新疆	32	1
26	广东石油化工学院	广东	30	1
27	广西大学	广西	30	1
28	河北省农林科学院	河北	30	1
29	河海大学	江苏	30	1

续表

序号	单位名称	所属地区	经费（万元）	数量（项）
30	河南省气象科学研究所	河南	30	1
31	江苏科技大学	江苏	30	1
32	聊城大学	山东	30	1
33	南开大学	天津	30	1
34	南通大学	江苏	30	1
35	清华大学	北京	30	1
36	曲阜师范大学	山东	30	1
37	陕西师范大学	陕西	30	1
38	武汉大学	湖北	30	1
39	西北农林科技大学	陕西	30	1
40	中国科学院分子植物科学卓越创新中心	上海	30	1
41	中国农业科学院麻类研究所	湖南	30	1
42	中国农业科学院生物技术研究所	北京	30	1

图 5-1 以词云的方式展现了涉棉科研单位在国家级科研项目中立项数量的比重。结合 5.1.1 节和 5.1.2 节中的已有分析可以看出，从获得国家级项目资助的数量和资助经费额度来看，华中农业大学和石河子大学是我国涉棉科学研究的排头兵。

图 5-1 2022—2023 涉棉科研单位比重

　　基于表 5-2 进一步分析涉棉科研项目的地域分布情况，结果见表 5-3。可以看出，全国累计 18 个省（自治区或直辖市）获得国家级涉棉科研项目资助。从立项数量方面看，新疆和河南分别立项 20 项和 15 项，遥遥领先其他地区，北京和湖北分别以 11 项和 10 项位居第三和第四，河北和山东均超过 5 项；从资助经费额度来看，新疆以 671 万元居首位，湖北以 601 万元位居第二，河南和北京获得经费资助额度分别为 538 万元和 437 万元，河北获得经费资助额度超过 200 万元，山东、江苏、广东、浙江和重庆获得资助额度均超过 100 万元，其他省份获得的资助额度均在 100 万元以下。

表 5-3　2022—2023 年度国家级涉棉项目省域分布概况

序号	所属地区	经费（万元）	数量（项）
1	新疆	671	20
2	河南	538	15
3	北京	437	11
4	湖北	601	10
5	河北	273	7
6	山东	190	5
7	江苏	145	4
8	广东	134	3
9	浙江	110	3
10	重庆	110	3
11	陕西	60	2
12	福建	57	1
13	甘肃	33	1
14	广西	30	1
15	湖南	30	1
16	江西	32	1
17	上海	30	1
18	天津	30	1

从以上分析可以看出，涉棉科学研究具有明显的区位特征和产业关联度，即相关科学研究以棉花主产区的相关高校和研究机构为主体，如图5-2所示。（尽管北京并非棉花主产区，但因中国农业科学院以及中国农业大学均位处北京，因此其获得的研究项目数量和资助规模均较高）

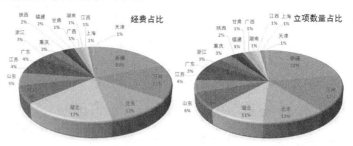

图5-2　2022-2023年度涉棉科研单位经费及立项数量占比

5.1.3　主要研究内容概况

棉花产业链长、涉及面广，可以根据先后顺序依次将完整棉花产业链划分为育种、栽培、植保（田间管理阶段）、收获、初加工、检测、仓储、物流以及深加工9个阶段，其中深加工与纺织、制造和棉副产业关系更加紧密，本节不做讨论。将表5-1中所列项目依次归类到上述9个阶段，结果如表5-4所示。可以看出，2022年立项的47个项目中，36个项目的研究内容属于棉花育种阶段、累计科研投入为1493万元，6个项目的研究内容属于植保阶段、累计科研投入为255万元，5个项目的研究内容属于栽培阶段、累计科研投入为208万元，而位于产业链中后期的收获、初加工、仓储和物流阶段无任何对应科研项目立项；2023年立项的43个项目中，30个项目的研究内容属于育种阶段、累计科研投入为1132万元、较2022年下降24.18%，7个项目的研究内容属于植保阶段、累计科研投入为215万元、较2022年下降15.69%，4个项目的研究内容属于栽培阶段、累计科研投入为144万元、较2022年下降30.77%，相较于往年一个重要的变化是2023年有1个项目的研究内容属于检测阶段，而收获、初加工、仓储和物流阶段仍无任何对应科研项目立项。

第 5 章　产业研究动态

表 5－4　2022—2023 年度涉棉国家自然科学基金立项概况

序号	基金名称	阶段	经费（万元）	批准年份
1	棉花抗黄萎病的遗传解析与调控网络研究	育种	267	2022
2	GbTPR 蛋白调控棉花纤维伸长的分子机理	育种	54	2022
3	GhTFL1 与 GhTMF 调控棉花株型的分子机理解析	育种	54	2022
4	棉花 GhTOPP6 去磷酸化 GhANS 应答盐胁迫的调控机制	育种	54	2022
5	部分根系干旱诱导棉花根源信号调控纤维发育的生理机制研究	植保	55	2022
6	根系水力导度及其与根系形态协同影响棉花衰老的生理机制	植保	53	2022
7	连年膜下滴灌的干旱内陆盆地棉花生境演化机制	栽培	57	2022
8	同化光学遥感与作物模型的棉花多年种植模式对产量的影响机制研究	栽培	50	2022
9	基于棉花冠层特征与沉积量预测模型的无人机精确喷施控制研究	植保	54	2022
10	绿盲蝽取食诱导棉花水杨酸甲酯吸引寄生蜂的分子机制	育种	54	2022
11	GhWRKY28-like 蛋白磷酸化和泛素化协同调控棉花对黄萎病的抗性	育种	55	2022
12	基于抗病蛋白 CkPGIP1 定点突变和密码子优化提高棉花对黄萎病抗性机理的研究	育种	54	2022
13	棉花陆海渐渗系抗黄萎病主效 QTL（qVW-19-2）的精细定位及调控机制解析	育种	54	2022
14	GhAGL8 调控棉花吐絮的分子机制解析	育种	33	2022
15	GhPH-D7 基因调控棉花株高的分子机制研究	育种	34	2022
16	棉花冷调控基因 COR27（GhCOR27）响应低温胁迫的调控机理研究	育种	33	2022
17	深度学习驱动无人机机载多源影像融合的棉花蚜虫危害检测方法研究	植保	33	2022
18	干旱区盐碱地增氧灌溉条件下棉花抗盐响应机理的研究	栽培	33	2022

续表

序号	基金名称	阶段	经费（万元）	批准年份
19	膜下滴灌条件下磷肥运筹优化根系构型增强棉花抗盐碱机制的研究	栽培	33	2022
20	基于海陆染色体片段代换系的棉花抗黄萎病基因鉴定及功能研究	育种	34	2022
21	棉花lncRNA2237调控棉籽发育过程中脂肪酸合成代谢的机制研究	育种	33	2022
22	不同土壤改良剂对3种塑化剂在土壤—棉花植株系统内迁移代谢行为的影响机理研究	栽培	35	2022
23	棉花异源多倍化着丝粒序列演化研究	育种	30	2022
24	GhFPF1调控棉花避荫反应的分子机制研究	育种	30	2022
25	CSEF基因调控棉花体细胞胚胎发生的分子机制研究	育种	30	2022
26	GhROP11-GhRIP2调控棉花纤维比强度的分子机制研究	育种	30	2022
27	亚洲棉光籽基因GaFZ调控棉花短绒的分子机理研究	育种	30	2022
28	类钙调素蛋白GhCML41调控棉花抗黄萎病的分子机制研究	育种	30	2022
29	GA-DELLA-WRKY信号途径调控棉花纤维次生壁合成的分子机制	育种	30	2022
30	棉花水通道蛋白基因GhPIP2；7调控耐盐性机理研究	育种	20	2022
31	比较群体基因组学解析棉花重组演化和遗传变异机制	育种	30	2022
32	棉花纤维素合酶互作新分子的发现及其调控机制探索	育种	30	2022
33	Vd424Y与GhTGA7调控棉花抗黄萎病的分子机理研究	育种	30	2022
34	MIXTA类转录因子GhMML4_D12调控棉花纤维产量形成的分子机制	育种	30	2022
35	棉花光合作用基因冷响应顺式调控元件的挖掘及功能分析	育种	30	2022

序号	基金名称	阶段	经费（万元）	批准年份
36	棉花纤维品质主效 QTL（qFL-D02-1）的精细定位及候选基因克隆	育种	30	2022
37	富含半胱氨酸的非分泌型肽 GhCYSTM9 调控棉花干旱响应的分子机制	育种	30	2022
38	木尔坦棉花曲叶病毒 C4 蛋白抑制植物细胞自噬的机制研究	育种	30	2022
39	利用导入系 HY2685 解析同时提高棉花纤维长度和强度的分子机制	育种	30	2022
40	GhRSL4 介导的油菜素内酯信号途径调控棉花纤维发育的分子机制研究	育种	30	2022
41	GhALKBH10B 介导 GhCNGC4 去甲基化参与调控棉花干旱响应的分子机制	育种	30	2022
42	蛇床草—棉花伴种模式中天敌瓢虫的转移控蚜规律及化学信息驱动机制	植保	30	2022
43	新型开花调节复合体 GhNF-YA8-GhELF3 介导棉花开花的分子机制	育种	30	2022
44	非特异性脂质转运蛋白基因 GhnsLTPsA10 调控棉花抗枯、黄萎病分子机制研究	育种	30	2022
45	野生植物抗黄萎病菌根际微生物组及在棉花上的抗病遗留效应研究	育种	30	2022
46	新疆膜下滴灌棉花水分生产力与收获指数的水盐胁迫响应过程评估及应用	植保	30	2022
47	基于棉花 TEM2_A03 转录因子靶向结合位点海陆种间变异的纤维发育调控机理研究	育种	30	2022
48	棉花转录因子 GhMYB18 调控棉花抗蚜性研究	育种	50	2023
49	棉花 SSVN 基因精细调控细胞死亡和广谱抗病的分子机制	育种	50	2023
50	orf610a 调控棉花细胞质雄性不育的分子机制研究	育种	50	2023
51	GhCIPK20 基因调控棉花耐热分子机制研究及耐热新材料创制	育种	50	2023
52	葡萄糖转运蛋白 GhSWEET42 调控棉花纤维伸长机制的研究	育种	50	2023
53	棉花激素响应模块 ARF18-ARR10-SELTP 调控植株再生的分子机理研究	育种	50	2023

序号	基金名称	阶段	经费 （万元）	批准 年份
54	棉花氧化固醇结合蛋白 GhORP3A 调控纤维细胞伸长的分子机制研究	育种	50	2023
55	苔藓 ScALDH21 基因协同提高棉花产量与黄萎病抗性的分子机制解析	育种	52	2023
56	棉花单粒精播调控幼苗弯钩与叶枝发育促进出苗和稳产的机理	栽培	50	2023
57	生长素响应因子 GhARF3-A10 调控棉花适应干旱胁迫的功能和分子机制	育种	50	2023
58	qFL-c10-2 调控棉花纤维长度的分子机制及其与 qFL-c10-1 的聚合	育种	50	2023
59	LncRNA67-GhCYP724B 调控油菜素内酯合成及与 Aorf27 互作影响棉花不育机制研究	育种	50	2023
60	GhRL 基因调控棉花叶形发育的分子机制研究	育种	32	2023
61	新疆沙漠绿洲区棉花幼苗风沙损伤及防护设计研究	栽培	31	2023
62	NO 缓解铝毒抑制棉花根系生长的生理机制	植保	32	2023
63	GhHDT4D 在棉花干旱应答中的功能及作用机理研究	育种	32	2023
64	棉花钙依赖蛋白激酶 GhCDPK4 调控黄萎病的功能及机制研究	育种	32	2023
65	GhCDPK4 基因参与棉花干旱应答和棉纤维发育的功能与分子机制	育种	32	2023
66	基于"人工智能算法＋高精度遥感数据"的棉花表型信息识别及解析	检测	32	2023
67	面向新疆棉花全产业链的数据要素权属确定关键技术研究	物流	32	2023
68	棉花黄萎病菌木聚糖降解酶基因参与互作的分子机制及 RNAi 研究	育种	32	2023
69	残膜对微咸水膜下滴灌棉花土壤水盐运移的影响机理研究	植保	33	2023
70	水肥一体化下棉花根际对土壤供磷强度和根系空间协同的响应机制	栽培	33	2023
71	GhTRM32 调控棉花纤维伸长的分子机制研究	育种	30	2023

序号	基金名称	阶段	经费（万元）	批准年份
72	棉花光能利用率的高通量获取研究	植保	30	2023
73	GhWRKY207 调控棉花响应冷胁迫的分子机制研究	育种	30	2023
74	GhSAL1 调控棉花出苗期低温响应的分子机制研究	育种	30	2023
75	棉花抗虫化合物半棉酚酮的生物合成研究	育种	30	2023
76	基因 GhXyn10C 调控棉花种子发育的分子机制研究	育种	30	2023
77	棉花黄萎病菌效应子 VDAG＿09506 的鉴定与功能分析	育种	30	2023
78	棉花根系响应干旱胁迫的多组学驱动机制及表型调控	植保	30	2023
79	外源褪黑素对干旱胁迫下棉花微根系衰老的调控效应及机制	植保	30	2023
80	基于 WUS 基因沉默策略实现棉花简易高效基因组编辑技术的研究	育种	30	2023
81	棉花 GhMYB42 在理想株型建成和黄萎病抗性提升中的协同调节机制解析	育种	30	2023
82	细胞壁关联激酶 GhWAK13 调控棉花黄萎病抗性和 AM 真菌共生的机制	育种	30	2023
83	干旱区根系提水对棉花根际氮素吸收的作用机理及模型模拟研究	植保	30	2023
84	棉花抗枯萎病主效基因 Fov7 识别枯萎病菌和激活免疫的机制解析	育种	30	2023
85	花铃期低温冷害对新疆棉花生长发育及产量影响机理与模拟研究	栽培	30	2023
86	棉花类受体胞质激酶 vu 亚家族蛋白 GhRLCK7 调控 chitin 激发免疫反应的分子机理	育种	30	2023
87	Na^+/H^+ 逆向转运蛋白 K2- NhaD 提高棉花耐旱性的分子机制研究	育种	30	2023
88	棉花适应旱盐胁迫的叶片结构特征及其调控二氧化碳传输的生理机制	植保	30	2023

续表

序号	基金名称	阶段	经费（万元）	批准年份
89	DNA甲基化相关基因 GhDCL3-D13 调控陆地棉花药高温下育性的机理研究	育种	30	2023
90	干旱响应蛋白激酶 GhCIPK6D1 和 GhCIPK6D3 调控棉花抗旱性功能分化的机制研究	育种	30	2023

以上分析结果表明，在涉棉科学研究方面，在育种、植保和栽培环节投入的资源较多，而在收获、加工、仓储和物流阶段的投入严重不足，图5-3更加直观地体现了不同阶段科研投入的差距，这也往往导致田间生产出了好的产品，但在初加工之后的阶段品质未能得到很好的保持，甚至是遭到破坏的现象屡见不鲜。

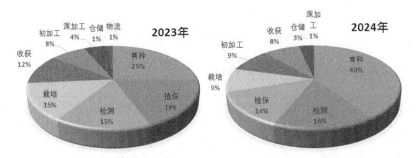

图5-3　2022—2023年度涉棉国家自然科学基金科研投入各阶段占比

5.2　论文发表

5.2.1　总体情况简介

本节从公开发表的学术论文角度分析近两年涉棉科研动态。使用中国知网文献检索平台检索2023—2024年度与"棉花"相关并且具有省部级以上基金项目支持的学术论文，累计检索到相关论文815篇（博士学位论文5篇，硕士学位论文64篇，会议论文12篇，期刊论文734篇），其中2023年全年发表涉棉学术论文581篇、2024年前7.5个月发表涉棉科研论文234篇，相比2023年同期增加9.34%。表5-5中详细列举了棉花领域权威期刊刊载的论文情况。

表 5－5　2023—2024 年度涉棉论文发表概况

序号	论文名称	期刊	年份
1	《机采棉种植模式下不同棉花品种适应性研究》	《农学学报》	2023
2	基于残差结构的棉花异性纤维检测算法	纺织学报	2023
3	水分胁迫下氮肥后移对棉花花铃期成铃特性及产量品质的影响	灌溉排水学报	2023
4	棉花纤维发育	中国农业科学	2023
5	棉花 β- tubulin 基因家族的鉴定及其在纤维发育中的表达	中国农业科学	2023
6	棉花 FLA 基因家族的全基因组鉴定及 Gh FLA05 在棉纤维发育中的功能分析	中国农业科学	2023
7	棉花 EXO70 基因家族全基因组的鉴定及种间比较	中国农业科学	2023
8	棉花功能基因图位克隆的研究进展	中国农业科学	2023
9	温度对棉花黄萎病发生及寄主防御反应的影响	中国农业科学	2023
10	Aquacrop 模型在北疆棉花生育期灌溉洗盐制度优化中的适用性	农业工程学报	2023
11	基于 Android 手机的田间棉花产量预测系统设计	农业机械学报	2023
12	新疆棉花秸秆离散元仿真参数标定研究	农业机械学报	2023
13	长期秸秆还田下施氮量对棉花产量和氮素利用的影响	作物学报	2023
14	"宽早优"植棉模式下不同株距配置对棉花生长及产量和纤维品质的影响	棉花学报	2023
15	氮素对棉花幼苗生长、养分分配及氮素利用效率的影响	棉花学报	2023
16	类钙调磷酸酶 B 亚基蛋白 GhCBL3- A01 调控棉花黄萎病抗性的功能分析	棉花学报	2023
17	枯草芽孢杆菌 NCD- 2 与化学杀菌剂复配对棉花黄萎病的防治效果	棉花学报	2023
18	棉花苗期耐低磷种质筛选及耐低磷综合评价	中国农业科学	2023

序号	论文名称	期刊	年份
19	新疆棉花气象服务平台功能设计与服务应用	农业工程	2023
20	控制排水条件下施氮水平对棉花生长、吸氮量和产量的影响	灌溉排水学报	2023
21	棉花GDP－甘露糖焦磷酸化酶基因（GMP）家族的鉴定及分析	植物科学学报	2023
22	非生物胁迫诱导的棉花酵母双杂交文库构建及GhJAZ1互作蛋白筛选	核农学报	2023
23	棉花生长周期与气象条件的匹配度研究	棉花科学	2023
24	导读－棉花基因功能研究与育种	中国农业科学	2023
25	棉花纤维优势表达基因Gh SLD1启动子的克隆和功能分析	中国农业科学	2023
26	棉花NLP（NIN-Like Protein）基因家族的全基因组鉴定及表达分析	中国农业科学	2023
27	棉花轧工质量机器视觉检测系统设计与试验	农业机械学报	2023
28	氮肥和缩节胺对棉花纤维产量及品质时间分布的影响	作物学报	2023
29	缩节胺和硝普钠对棉花幼苗根际土壤酶活性及细菌群落的影响	棉花学报	2023
30	外源茉莉酸甲酯对花铃期棉花耐高温能力的影响	棉花学报	2023
31	新型氮肥增效剂N-life对棉花生理特性、氮肥利用率、产量和纤维品质的影响	棉花学报	2023
32	分子设计育种在棉花中的应用进展与展望	棉花学报	2023
33	棉花细胞质雄性不育的胞质效应研究现状及未来展望	棉花学报	2023
34	改进YOLOv5识别复杂环境下棉花顶芽	农业工程学报	2023
35	基于Android系统手机的田间棉花产量预测系统	农业机械学报	2023
36	基于CBAM-U-HRNet模型和Sentinel-2数据的棉花种植地块提取	农业机械学报	2023

序号	论文名称	期刊	年份
37	耐除草剂棉花 GGK2 的遗传稳定性分析及性状鉴定	中国农业科学	2023
38	转基因抗草甘膦棉花 R1-3 株系的分子特征鉴定	中国农业科学	2023
39	导读 我国耐除草剂棉花研发与育种应用	中国农业科学	2023
40	转 1174AALdico-2＋CTP 耐草甘膦优异棉花种质系的创制及其特性	中国农业科学	2023
41	氮肥稳定剂对滴灌棉田土壤有效氮供应、棉花氮素吸收及利用的影响	核农学报	2023
42	基于 GIS 的新疆沙湾市棉花种植精细化气候区划	农业工程	2023
43	植物生长调节剂复配对棉花生长及内源激素的影响	农药学学报	2023
44	基于 AHP—隶属函数法的棉花子叶期耐低钾能力鉴定	作物学报	2023
45	棉花 AP2/ERF 转录因子 Gh TINY2 负调控植株抗盐性的功能分析	作物学报	2023
46	低温下环丙酸酰胺调控棉花内源激素促进噻苯隆脱叶的机制	作物学报	2023
47	新疆棉花优质高产关键生产技术分析	中国农业科学	2023
48	盐胁迫对干播湿出棉花出苗率和苗期生长发育的影响	棉花学报	2023
49	干旱胁迫下二氢卟吩铁对棉花光合与抗氧化特性的影响	棉花学报	2023
50	外源褪黑素对镉胁迫下棉花种子萌发、抗氧化酶活性及渗透调节物质含量的影响	棉花学报	2023
51	菌糠对棉花黄萎病及棉花根际微生物群落组成的影响	棉花学报	2023
52	基于 EF-1α 和 β 微管蛋白基因序列的棉花枯萎病菌遗传多样性和单倍型分析	棉花学报	2023
53	棉花现代品种资源产量与纤维品质性状鉴定及分子标记评价	作物学报	2023
54	棉花抗逆性鉴定技术标准体系的建立	农学学报	2023

序号	论文名称	期刊	年份
55	花铃期棉花光合生理特性对膜下滴灌干旱胁迫的响应	农业工程	2023
56	基于 CRISPR/Cas9 的棉花 GhbHLH71 基因编辑突变体的分析	作物学报	2023
57	土壤添加西兰花残体对棉花根际土壤酶活性的影响及其与碳代谢特征的关系	中国农业科学	2023
58	盐碱胁迫对棉花叶片蛋白质组的影响及差异性分析	作物学报	2023
59	自然衰老棉花种子的生理变化及 ATP 合成酶亚基 mRNA 的完整性	中国农业科学	2023
60	棉花窄卷苞叶基因 fg 的精细定位	棉花学报	2023
61	亏缺灌溉对中国棉花产量和灌溉水分生产力影响的元分析	棉花学报	2023
62	基于近红外光谱的棉花毛籽蛋白质和油分含量快速检测	棉花学报	2023
63	转基因棉花再生植株育性影响因素研究	棉花学报	2023
64	融合无人机光谱信息与纹理特征的棉花叶面积指数估测	农业机械学报	2023
65	膜下滴灌配置模式对北疆地区棉花生长与产量的影响	灌溉排水学报	2023
66	不同种植模式和灌水定额对棉花生长和产量的影响	灌溉排水学报	2023
67	蕾铃脱落对棉花果枝叶光合产物积累及"源"潜力的影响	中国农业科学	2023
68	田间作业条件下摘锭耐磨性能及棉花采净率的试验研究	农业工程学报	2023
69	新疆棉花秸秆利用现状及发展对策	农业工程	2023
70	水分亏缺下有机无机肥配施比例对棉花水氮利用效率的影响	中国农业科学	2023
71	基于机器视觉的双圆盘式棉花打顶装置设计与试验	农业机械学报	2023
72	脱叶催熟剂对棉花产量影响及应用效果分析	农学学报	2023

续表

序号	论文名称	期刊	年份
73	长江流域棉区带状间作对棉花生长、产量及棉田经济效益的影响	棉花学报	2023
74	基于无人机多光谱影像的棉花黄萎病监测	棉花学报	2023
75	基于 F_2 和 RIL 群体鉴定棉花抗黄萎病主效 QTL	棉花学报	2023
76	棉花种植机械化关键技术与装备研究进展	农业工程学报	2023
77	田间条件下不同棉花品种叶片响应化学脱叶剂噻苯隆的转录组分析	作物学报	2023
78	基于无人机多光谱影像的棉花 SPAD 值及叶片含水量估测	农业工程学报	2023
79	ANSWER 模型评估新疆咸水灌溉棉花产量与效益	农业工程学报	2023
80	生物质炭添加量对盐碱土壤特性及棉花苗期生长的影响	灌溉排水学报	2023
81	南疆一膜三行栽培棉根系分布对灌水频次的响应	棉花学报	2023
82	水氮运筹对新疆无膜滴灌棉花生长发育及土壤温室气体排放的影响	棉花学报	2023
83	转录因子 GhWRKY41 促进水杨酸合成增强棉花对黄萎病菌的抗性	作物学报	2024
84	不同种植环境下国内外棉花种质资源的遗传多样性分析与评价	作物学报	2024
85	粉垄深松深耕改善南疆重度盐碱土理化性质和棉花产量及其后效	农业工程学报	2024
86	干旱地区砂质土壤棉花苗床土层构建装置的研制	农业工程学报	2024
87	棉花 MNP 标记位点开发及其在 DNA 指纹图谱构建中的应用	作物学报	2024
88	夏直播棉花产量与冠层微环境的关系	作物学报	2024
89	棉花独脚金内酯 D27 基因表达与功能分析	核农学报	2024
90	外源添加 L—脯氨酸对棉花黄萎病发生及其根际土壤微生物群落的影响	中国农业科学	2024

序号	论文名称	期刊	年份
91	灌水施氮和缩节胺用量对南疆棉花产量品质和水肥利用效率的影响	农业工程学报	2024
92	播期推迟对棉花根系生长发育特征及产量的影响	棉花学报	2024
93	棉花秸秆的应用研究进展	棉花学报	2024
94	Gh_D11G050000 参与棉花黄萎病抗性的功能分析	棉花学报	2024
95	膜下滴灌微咸水棉花临界氮稀释曲线模型与氮肥用量推荐	农业工程学报	2024
96	基于模型剪枝的棉花氮素营养水平诊断	农业工程学报	2024
97	中国棉花审定品种 SSR 指纹库的构建与综合评价	中国农业科学	2024
98	基于顶芽智能识别的棉花化学打顶系统研究	农业机械学报	2024
99	基于 RCH-UNet 的新疆密植棉花图像快速分割及产量预测	农业工程学报	2024
100	靶向敲除棉花 Gh AGL16 高效 sg RNA 的筛选	中国农业科学	2024
101	1961—2022 年新疆棉花花铃期高温热害时空变化规律研究	棉花学报	2024
102	我国棉花生产集聚水平变化及影响因素分析	棉花学报	2024
103	氮钾肥施用次数对夏直播棉花干物质积累、产量和养分利用率的影响	棉花学报	2024
104	追施氮肥对不同测定位置棉花冠层结构和产量的影响	棉花学报	2024
105	棉花果枝夹角研究现状	棉花学报	2024
106	基于机器视觉的棉花颜色检测方法	纺织学报	2024
107	不同土质下灌水盐度对滴灌棉花生理及产量品质的影响	农业工程学报	2024
108	棉花种质资源萌发期耐盐性鉴定及筛选	作物学报	2024

续表

序号	论文名称	期刊	年份
109	南疆阿拉尔垦区棉花物候期变化的关键气候驱动因子分析	核农学报	2024
110	早熟优质宜机采棉花新品种'徐棉 608'的选育	农学学报	2024
111	灌溉水温与施氮量对滴灌棉田土壤水热及棉花生长和产量的影响	中国农业科学	2024
112	基于无人机多光谱影像与机器学习算法的棉花冠层叶绿素含量估算研究	棉花学报	2024
113	"以肥调水"缓解干旱对无膜滴灌棉花生理特性和产量的影响	棉花学报	2024
114	棉花 CMS- D2 和 CMS- D8 不育系线粒体全基因组比较分析	棉花学报	2024
115	基于无人机多光谱的棉花多生育期叶面积指数反演	中国农业科学	2024
…	…	…	…

注：数据来源于中国知网①。

5.2.2　主要研究机构概况

在 5.2.1 节的基础上进一步统计了涉棉科研单位概况，详情如表 5- 6（表中仅列出发表论文在 3 篇以上的单位信息）所示。可以看出新疆农业大学在涉棉学术论文发表方面位居全国第一，发表的涉棉学术论文数量远多于其他研究机构，塔里木大学和石河子大学所发表的涉棉学术论文数量也大幅领先其他单位，主要是因为这些高校具有涉棉学科专业和硕士博士人才培养能力。此外，中国农业科学院棉花研究所和新疆农业科学院发文数量也均位列前 5，分布在新疆地区的高校和研究机构累计发文量为 421 篇，总体占比为 51.66%，超过一半的规模。由此可见，新疆作为我国棉花最重要的产业基地，聚集了大量的涉棉科研人才，为新疆乃至全国的棉花产业提供科技支撑。位于河南安阳的中国农业科学院棉花研究所是唯一的国家级棉花专业综合科研机构，其在棉花新品种培育、棉花栽培和棉花田间植保等方面为

---

①　中国知网．https://www.cnki.net/.

国内棉花产业发展作出了杰出贡献。图 5-4 通过词云的形式更加直观地展示了论文归属单位的分布情况。

表 5-6　2023—2024 年度涉棉论文单位概况

序号	单位	数量（篇）	占比（%）
1	新疆农业大学	137	0.1681
2	塔里木大学	84	0.1031
3	石河子大学	62	0.0761
4	新疆农业科学院	33	0.0405
5	中国农业科学院棉花研究所	29	0.0356
6	新疆农垦科学院	18	0.0221
7	河北省农林科学院	17	0.0209
8	华中农业大学	15	0.0184
9	新疆大学	13	0.016
10	河北农业大学	12	0.0147
11	中国农业大学	10	0.0123
12	山西农业大学	9	0.011
13	湖南农业大学	8	0.0098
14	西南大学	8	0.0098
15	辽宁省经济作物研究所	7	0.0086
16	浙江大学	7	0.0086
17	安徽省农业科学院棉花研究所	5	0.0061
18	湖南省棉花科学研究所	5	0.0061
19	江西省经济作物研究所	5	0.0061
20	聊城市农业科学院	5	0.0061
21	西北农林科技大学	5	0.0061
22	新疆农业职业技术学院	5	0.0061
23	新疆生产建设兵团第一师农业科学研究所	5	0.0061
24	新疆兴农网信息中心	5	0.0061
25	河南农业大学	4	0.0049

序号	单位	数量（篇）	占比（％）
26	湖北省农业科学院	4	0.0049
27	开封市农林科学研究院	4	0.0049
28	山东农业大学	4	0.0049
29	山东省农业技术推广中心	4	0.0049
30	山东省农业科学院	4	0.0049
31	西安理工大学	4	0.0049
32	新疆师范大学	4	0.0049
33	中国纤维质量监测中心	4	0.0049
34	安徽财经大学	3	0.0037
35	安徽农业大学	3	0.0037
36	邯郸市农业科学院	3	0.0037
37	河北工程大学	3	0.0037
38	河北经贸大学	3	0.0037
39	江苏省农业科学院	3	0.0037
40	江西农业大学	3	0.0037
41	南京农业大学	3	0.0037
42	农业农村部农村经济研究中心	3	0.0037
43	山东理工大学	3	0.0037
44	石家庄市农林科学研究院	3	0.0037
45	沃达农业科技股份有限公司	3	0.0037
46	新疆巴音郭楞蒙古自治州农业科学研究院	3	0.0037
47	新疆生产建设兵团第七师农业科学研究所	3	0.0037
48	新疆生产建设兵团第三师农业科学研究所	3	0.0037
49	新疆生产建设兵团第五师农业科学研究所	3	0.0037
50	新疆生产建设兵团农业技术推广总站	3	0.0037
51	新疆塔里木河种业股份有限公司	3	0.0037

序号	单位	数量（篇）	占比（%）
52	中国农业科学院农业信息研究所	3	0.0037
53	中国农业科学院植物保护研究所	3	0.0037
54	中国气象局乌鲁木齐沙漠气象研究所	3	0.0037

图5-4 论文作者单位分布情况

5.2.3 主要研究内容概况

本节主要通过相关研究报道的关键词对研究内容进行概要分析。对总体745篇相关科研文献的关键词进行统计，将不能体现本质内容的关键词排除在外，如"××方法""××模型""××地方"等，仅保留能够体现本质研究内容的关键词。然后对关键词出现频次进行统计，结果如表 5－7 所示（仅列出了出现 5 次以上的关键词）。通过关键词词频统计结果可以看出，超过 95％的文献报道的内容属于棉花育种和植保阶段，主要研究的热点在于如何改良品种和优化栽培技术，提高棉花的产量和品质，对棉花的病虫害防治也是研究者关注的焦点。这与 5.1 节所述相似的是，在收获、加工、仓储和物流阶段的研究报道相对较少，图 5－5 通过词云的形式更加直观地展示了近两年涉棉科学研究的热点问题。

表 5－7　2023—2024 年度涉棉科研论文关键词词频概况

序号	关键词	数量（次）	占比（％）
1	产量	168	0.162
2	黄萎病	37	0.0357
3	纤维品质	32	0.0309
4	新疆	30	0.0289
5	栽培技术	27	0.026
6	滴灌	26	0.0251
7	品种选育	25	0.0241
8	生长发育	25	0.0241
9	农艺性状	21	0.0203
10	品质	21	0.0203
11	陆地棉	20	0.0193
12	干旱胁迫	16	0.0154
13	抗病性	15	0.0145
14	无人机	15	0.0145
15	盐胁迫	15	0.0145
16	光合特性	14	0.0135
17	特征特性	14	0.0135
18	氮肥	12	0.0116
19	棉花秸秆	11	0.0106
20	机器学习	10	0.0096
21	品种	10	0.0096

序号	关键词	数量（次）	占比（%）
22	深度学习	10	0.0096
23	缩节胺	10	0.0096
24	枯萎病	10	0.0096
25	棉花产业	9	0.0087
26	气候变化	9	0.0087
27	播期	8	0.0077
28	干物质	8	0.0077
29	高光谱	8	0.0077
30	根系	8	0.0077
31	冠层结构	8	0.0077
32	光合作用	8	0.0077
33	化学打顶	8	0.0077
34	苗期	8	0.0077
35	土壤养分	8	0.0077
36	种植模式	8	0.0077
37	主成分分析	8	0.0077
38	表达分析	7	0.0068
39	低温冷害	7	0.0068
40	多光谱	7	0.0068
41	干播湿出	7	0.0068
42	干物质积累	7	0.0068
43	高质量发展	7	0.0068
44	花铃期	7	0.0068
45	间作	7	0.0068
46	棉花生产	7	0.0068
47	生长	7	0.0068
48	盐碱地	7	0.0068

续表

序号	关键词	数量（次）	占比（%）
49	种质资源	7	0.0068
50	籽棉产量	7	0.0068
51	综合评价	7	0.0068
52	产量预测	6	0.0058
53	大丽轮枝菌	6	0.0058
54	灌溉	6	0.0058
55	化学封顶	6	0.0058
56	化学调控	6	0.0058
57	基因编辑	6	0.0058
58	秸秆还田	6	0.0058
59	聚类分析	6	0.0058
60	抗虫性	6	0.0058
61	萌发期	6	0.0058
62	棉花品种	6	0.0058
63	棉花幼苗	6	0.0058
64	模型	6	0.0058
65	南疆	6	0.0058
66	水氮利用效率	6	0.0058
67	外源物质	6	0.0058
68	纤维发育	6	0.0058
69	新疆棉花	6	0.0058
70	种植密度	6	0.0058
71	病虫害	5	0.0048
72	产量性状	5	0.0048
73	出苗率	5	0.0048
74	分子标记	5	0.0048
75	功能分析	5	0.0048

序号	关键词	数量（次）	占比（%）
76	灌水定额	5	0.0048
77	候选基因	5	0.0048
78	基因克隆	5	0.0048
79	经济效益	5	0.0048
80	精细定位	5	0.0048
81	抗病	5	0.0048
82	枯草芽孢杆菌	5	0.0048
83	轮作	5	0.0048
84	密度	5	0.0048
85	棉花种植	5	0.0048
86	棉蚜	5	0.0048
87	目标检测	5	0.0048
88	气象灾害	5	0.0048
89	噻苯隆	5	0.0048
90	生育期	5	0.0048
91	衣分	5	0.0048
92	影响因素	5	0.0048
93	优质	5	0.0048
94	植物生长调节剂	5	0.0048
95	株型	5	0.0048

图 5-5　2023—2024 年涉棉学术论文热点关键词

5.3　专利授权

5.3.1　总体情况简介

本节从已授权的专利角度分析近两年涉棉科研动态,为了确保专利质量和代表性,仅对近两年授权的发明专利进行分析。基于国家知识产权局专利检索与统计平台检索了自 2023 年 1 月 1 日至 2024 年 7 月 20 日的专利名称中包含"棉花"的已授权发明专利,对检索结果进行逐项核查并删除本质上与棉花无关的专利,最终剩余 239 项。其中 2023 年全年累计授权 152 项,2024 年截至 7 月 20 日累计授权 87 项,较 2023 年同期减少 8.33%,预计 2024 年将比 2023 年在发明专利授权数量上有一定幅度的降低,这可能与目前国家知识产权局对专利申请和授权持续严格规范有关,并鼓励对存量专利进行专利落地转化。

表 5－8　2023—2024 年度涉棉发明专利概况

序号	发明（设计）名称	申请（专利权）人	年度
1	一种适用于生育期间棉花行间的地膜回收装置	中国农业科学院棉花研究所	2023
2	机采棉棉花加工方法、机采棉加湿系统及机采棉生产线	郑州国润科技有限公司	2023
3	GhAOC4 基因敲除创造棉花雄性不育和保持两用系的方法	华中农业大学	2023
4	棉花中脱叶剂的分离检测方法	广州纤维产品检测研究院	2023
5	小规模棉花加工	孟山都技术公司	2023
6	棉花幼苗增叶壮苗的引发剂及其方法	华中农业大学	2023
7	一种棉花病虫害防治用精量高效施药设备	塔里木大学	2023
8	棉花小区育种精量播种机	塔里木大学	2023
9	一种棉花异性纤维的互信息识别方法	西安工程大学	2023
10	棉花苗期叶片棉蚜早期危害的监测方法及系统	石河子大学	2023
11	一种棉花中耕松土机	长江大学	2023
12	一种防治棉花枯萎病的微生物菌剂及其制备方法	山东植知源生态工程有限公司	2023
13	一种智能化棉花纺织用开松机	益阳银龙棉业有限公司	2023
14	一种棉花播种机覆土辊焊接机器人	塔里木大学	2023
15	基于无人机高光谱的棉花叶片氮含量监测方法及系统	塔里木大学	2023
16	一种自支撑棉花生物质碳负载红磷钠离子电池负极材料及其制备方法	大秦数字能源技术股份有限公司	2023
17	一种基于棉花叶片茸毛特性生理抗蚜虫的鉴定方法	新疆农垦科学院	2023
18	一种棉花复合阳离子型共价有机骨架材料及作为固相萃取剂的应用	青岛理工大学	2023

续表

序号	发明（设计）名称	申请（专利权）人	年度
19	一种棉花 GaTFL1 基因及其应用和鉴定方法	三亚中国农业科学院国家南繁研究院	2023
20	一种棉花中期染色体非变性荧光原位杂交方法	安阳工学院	2023
21	一种棉花 APR 基因的启动子、获取方法及应用、融合载体、制备方法及应用	中国农业科学院棉花研究所	2023
22	GhREM 蛋白及其编码基因在调控棉花抗蚜性能中的应用	河北农业大学	2023
23	一种 TRV 病毒诱导棉花 PR5 基因沉默的方法和应用	盐城工学院	2023
24	一种全氟棉花固相萃取材料及其在有机氟化物的富集与检测中的应用	中国农业科学院油料作物研究所	2023
25	一种用于高地隙棉花的可伸缩喷药机	邢台市农业科学研究院	2023
26	棉花 GH _ D03G1517 基因在促进抗旱和耐盐中的应用	中国农业科学院棉花研究所	2023
27	一种纺织棉花与棉花籽脱离装置	陈秋粉	2023
28	棉花 N－乙酰谷氨酸激酶 GhNAGK、其编码基因及应用	中国农业大学	2023
29	一种调控棉花纤维长度的基因及其应用	山西农业大学棉花研究所；江西省棉花研究所	2023
30	一种棉花播种直播器	长江大学	2023
31	一种掺磷尾矿砂并有棉花秸秆加筋的粉喷桩及其施工方法	江苏海洋大学；江苏省海洋资源开发研究院	2023
32	葡萄糖在棉花种植中的应用及引发剂	华中农业大学	2023
33	一种悬挂式棉花打顶消毒回收装置	滨州市农业机械化科学研究所；农业部南京农业机械化研究所	2023
34	一种高产棉花株行距配置优化方法	北京飞花科技有限公司	2023
35	一种复合微生物菌剂及其在防治棉花黄萎病中的应用	中国农业科学院棉花研究所	2023

序号	发明（设计）名称	申请（专利权）人	年度
36	一种棉花采样机械手	唐山学院	2023
37	一种滴灌覆膜棉花的栽培方法	新疆标谱检测工程技术有限公司；沃达农业科技股份有限公司；新疆黑钥匙酸性肥料有限公司	2023
38	一种提取棉花黄萎病致病菌孢内毒素的方法及其应用	新疆农业科学院经济作物研究所	2023
39	棉花加工杂物自动分离设备	新疆嘉源纺织有限公司	2023
40	一种基于深度视觉的棉花内杂物识别系统	无锡雪浪数制科技有限公司	2023
41	一种棉花短周期培育方法	河北省农林科学院棉花研究所	2023
42	棉花锌脂蛋白 GhZFPH4 及其编码基因和应用	湖南科技学院	2023
43	一种棉花育种基质制备系统	安徽省农业科学院棉花研究所	2023
44	一种气吸自走式棉花收获机	农业部南京农业机械化研究所	2023
45	一种棉花基因组 DNA 提取装置	延安大学	2023
46	一种棉花高温热害预测方法	北京飞花科技有限公司	2023
47	一种基于多父本选择的优质高产多抗棉花育种方法	河北省农林科学院棉花研究所	2023
48	一种棉花套种荷兰豆的栽培方法	江西省棉花研究所	2023
49	一种气力辅助板齿式棉花采摘台	农业部南京农业机械化研究所	2023
50	一种棉花收获去杂实验台	农业部南京农业机械化研究所	2023
51	基因 GhSWEET42 在防治棉花黄萎病中的应用	中国农业科学院棉花研究所	2023
52	一种棉花打包机液压控制系统	山东泰丰智能控制股份有限公司	2023

序号	发明（设计）名称	申请（专利权）人	年度
53	一种适用于棉花种子的精量包衣装置	塔里木大学	2023
54	一种高效率棉花运输设备	阆天科技有限公司	2023
55	一种小麦套种棉花播种施肥联合作业机	山东省农业机械科学研究院；山东省农业科学院	2023
56	一种夹持式棉花拔杆粉碎机	奎屯银力棉油机械有限公司	2023
57	一种漏网式棉花打顶机	江苏大学	2023
58	进口印度棉花品级检验级距标样的制作方法	石家庄海关技术中心	2023
59	一种棉花植物保护用灭虫装置	新疆生产建设兵团第七师农业科学研究所	2023
60	一种棉花基多孔生物质碳的制备方法	江苏科技大学；江苏科技大学海洋装备研究院	2023
61	一种棉花黄萎病病害发生表型识别的方法	新疆农业大学	2023
62	棉花打包膜用固体胶粘剂及其制备方法	淄博龙沙高分子材料科技有限公司	2023
63	一种新疆棉花花铃期抗旱性的综合评价方法	新疆农业大学	2023
64	甩动除杂式棉花内衬床垫收卷装置	佛山市爱罗家具有限公司	2023
65	检测棉花转基因成分的引物对组合、试剂盒及检测方法	江汉大学	2023
66	一种便于机采的棉花种质资源筛选方法	湖北省农业科学院经济作物研究所	2023
67	一种基于高棉酚棉籽开发棉花芽苗菜的方法	三亚中国农业科学院国家南繁研究院；中国农业科学院棉花研究所	2023
68	一种棉花纸加工污水净化处理系统	广东喜洋洋纸业有限公司	2023
69	一种天然棉花颜色分类的方法	中国彩棉（集团）股份有限公司；新疆彩色棉工程技术研究院有限公司	2023

续表

序号	发明（设计）名称	申请（专利权）人	年度
70	一种棉花加代繁育快速成铃的方法	石河子大学	2023
71	GhAIL6 基因在促进棉花胚性愈伤组织形成的用途	中国农业科学院棉花研究所	2023
72	一种棉花无膜栽培种下施肥播种装置	塔里木大学	2023
73	一种筛选高吸镉棉花品种方法	湖南省棉花科学研究所	2023
74	一种小型棉花皮辊式试轧机	长江大学	2023
75	一种用于提高盐碱地棉花种子发芽率的辅助装置	中国农业科学院农田灌溉研究所	2023
76	一种棉花打顶机静态夹持结构及方法	山东省农业机械科学研究院	2023
77	一种棉花加工用前处理梳理一体化装置	盐城市鼎瀚纺织原料有限公司	2023
78	一种棉花离线打包系统及打包方法	南通大学	2023
79	一种棉花短纤维长度测量仪	安徽省农业科学院棉花研究所	2023
80	棉花脂转运蛋白基因 GhFIL 在改良棉花纤维品质中的应用	南京农业大学	2023
81	棉花 β-1，3-葡聚糖酶基因 GhGLU18 在改良棉花纤维品质中的应用	南京农业大学	2023
82	一株防治棉花苗期根腐病的莫海威芽孢杆菌及其应用	新疆农业科学院核技术生物技术研究所；新疆农业科学院植物保护研究所	2023
83	棉花基因 GhGTG1 在植物耐冷胁迫方面的应用	中国农业科学院棉花研究所	2023
84	用于检测棉花曲叶病毒的 RPA 引物、试剂盒及其检测方法与应用	广东省农业科学院植物保护研究所	2023
85	一种棉花加工用的废绒回收装置	韩玉世家（南通）纺织品有限公司	2023
86	一种棉花脱叶剂施药处方图生成方法及装置	中国科学院空天信息创新研究院	2023

序号	发明（设计）名称	申请（专利权）人	年度
87	一种棉花叶片中心点位置定位方法	桂林市思奇通信设备有限公司	2023
88	一种田间棉花智能精准打顶装置	华中农业大学	2023
89	一种棉花种植土壤检测设备	新疆生产建设兵团第一师农业科学研究所	2023
90	一种棉花花药开裂状态识别方法及系统	华中农业大学	2023
91	一种农业用棉花脱壳机	新疆巴音郭楞蒙古自治州农业科学研究院	2023
92	一种制备用于棉花胚珠空间转录组分析的切片的方法	中国农业科学院棉花研究所；河南大学	2023
93	棉花纤维特异表达启动子 8DP2 及其应用	西南大学	2023
94	一种可移动式棉包及棉花自动取样装置及其取样方法	青岛海关技术中心；陕西出入境检验检疫局检验检疫技术中心	2023
95	一种可调节式棉花异纤清除机	界首市华宇纺织有限公司	2023
96	一种用于棉花小区育种试验的开穴播种装置	塔里木大学	2023
97	一种棉花加工生产质量检测方法	金乡县利顺祥棉业有限公司	2023
98	一种棉花播种机及等株距覆土播种方法	闫承祥	2023
99	一种棉花打顶控制方法、棉花打顶设备及相关装置	广州极飞科技股份有限公司	2023
100	棉花轧花前籽棉回潮率调节系统及方法	中华全国供销合作总社郑州棉麻工程技术设计研究所	2023
101	一种整地同位仿形棉花单粒精播覆膜联合作业机	滨州市农业机械化科学研究所	2023
102	鉴定棉花纤维比强度和马克隆值的 SNP 分子标记及应用	河北省农林科学院粮油作物研究所	2023
103	一种提高棉花产量和纤维品质的小分子物质	山东省农业科学院	2023
104	一种筛选棉花萌发出苗期耐冷品种的方法及其应用	中国农业科学院棉花研究所	2023

序号	发明（设计）名称	申请（专利权）人	年度
105	一种提高棉花种子质量和油脂含量的方法	西南大学	2023
106	一种棉花的化学调控方法	湖北省农业科学院经济作物研究所	2023
107	一种耐干旱棉花育种方法及应用	河南省农业科学院经济作物研究所	2023
108	一种促进棉花水分吸收助剂、制备方法及使用方法	山东省农业科学院	2023
109	一种棉花打包膜复合拼接设备	新疆天业节水灌溉股份有限公司	2023
110	一种具有高堆积密度的棉花收集装置及使用方法	江苏电子信息职业学院	2023
111	棉花纤维品质相关的 GhJMJ12 基因 SNP 标记及其应用	河南农业大学	2023
112	一种棉花打包膜复合拼接设备	新疆天业节水灌溉股份有限公司	2023
113	一种棉花收割自动打包用热熔胶及其制备方法和应用	华威粘结材料（上海）股份有限公司	2023
114	一种可自动切断埋压滴灌带和地膜的新型棉花播种机	塔里木大学	2023
115	一种联合作业式棉花精量播种机	华中农业大学	2023
116	一种棉花钾转运体基因启动子及其应用	河南科技学院	2023
117	鼠李糖脂在治理盐碱地土壤以及提高盐碱地棉花产量中的应用	浙江大学	2023
118	手持式棉花点播器	内蒙古自治区农牧业科学院	2023
119	棉花捆直径可调的高密度不停机棉花打捆成形机及方法	中国农业大学	2023
120	一种色块编码定位的棉花穴播排种质量监测系统	湖北洪山实验室；华中农业大学	2023
121	液压棉花单元滚筒驱动器	迪尔公司	2023
122	一种促进棉花提前成熟的方法	新疆农垦科学院	2023

序号	发明（设计）名称	申请（专利权）人	年度
123	一种适用于棉花栽培的施肥装置及配置施肥方法	湖北省农业科学院经济作物研究所	2023
124	一株抗棉花黄萎病的根瘤菌 DG3-1 及其用途	塔里木大学	2023
125	一种棉花打包膜用热熔压敏胶及其制备方法	上海永冠众诚新材料科技（集团）股份有限公司	2023
126	一种促进棉花加代繁育的室内栽培方法	石河子大学	2023
127	一种棉花 GhGlu19 基因及其在提高棉花产量中的应用	南京农业大学	2023
128	调控棉花纤维伸长的基因 GhZFP8 及其应用	陕西师范大学	2023
129	一种棉花秸秆聚拢机	河北省农业机械化研究所有限公司；河北省农机化技术推广服务总站；石家庄市中州机械制造有限公司	2023
130	一种获取棉花叶片丛聚指数的数字图像方法及系统	新疆农垦科学院	2023
131	一种用于棉花防病促生长的药肥及其制备方法	新疆农业大学	2023
132	一种基于转录组和蛋白组联合分析的棉花耐盐基因发现方法及其应用	南通大学	2023
133	四组分 BSMV 超表达棉花基因载体的应用及构建方法	郑州大学	2023
134	一种提高棉花耐旱和耐盐碱能力的 sgRNA 及其应用	中国农业科学院生物技术研究所	2023
135	棉花包卷膜	王超	2023
136	棉花 GhALS 突变型蛋白、基因及其分子标记和应用	江苏省农业科学院	2023
137	一种智能测高运动平稳精准控制的棉花打顶机器人系统	新疆大学	2023
138	一种棉花早期基因沉默方法 Si-VIGS	郑州大学	2023
139	一种棉花装卸运输阻燃监测方法及装置	河南省科学院高新技术研究中心	2023

序号	发明（设计）名称	申请（专利权）人	年度
140	一种干爽型棉花面层卫生巾经期裤制备工艺	广东娜菲实业股份有限公司	2023
141	基于棉花 SSR 分子标记筛选藏紫草的特异性 SSR 标记方法	西藏大学；中国农业科学院棉花研究所	2023
142	棉花对没顶淹涝的一种抗性鉴定方法	中国农业科学院棉花研究所	2023
143	一种高效棉花秸秆腐熟剂及其制备方法	广东希普生物科技股份有限公司	2023
144	一种棉花转化事件 KJC003 及其应用	科稷达隆（北京）生物技术有限公司	2023
145	基于无人机风场的棉花虫害监测方法与系统	广东技术师范大学	2023
146	一种棉花快速采摘装置	湖州生力液压有限公司	2023
147	GhGPAT12 蛋白和 GhGPAT25 蛋白在调控棉花雄性生殖发育中的应用	中国农业科学院棉花研究所	2023
148	一种滴灌棉花氮营养亏损诊断方法及系统	石河子大学	2023
149	一种快换锁及应用该快换锁的棉花专用施药机	南通黄海药械有限公司	2023
150	一种喷洒装置及应用该装置的棉花专用施药机	南通黄海药械有限公司	2023
151	一种送风装置及应用该装置的棉花专用施药机	南通黄海药械有限公司	2023
152	GhMYB44 基因在棉花愈伤组织分化发育中的应用	新疆农业大学；中国农业科学院棉花研究所	2023
153	一种棉花采样装置	唐山学院	2024
154	一种多角度光谱组合的棉花叶片氮素浓度监测方法	石河子大学	2024
155	提高离体培养棉花胚珠纤维品质的培养基及培养方法	新疆农业大学	2024
156	一种棉花采摘试验台专用传输台	石河子大学	2024
157	用于棉花收获机的底部护罩的控制机构	迪尔公司	2024

序号	发明（设计）名称	申请（专利权）人	年度
158	一种棉花种子去壳工艺及装置	湖南天丰农业科技有限公司	2024
159	一种室内筛选适用于与棉花间作的功能植物的方法	三亚中国农业科学院国家南繁研究院；中国农业科学院植物保护研究所	2024
160	一种流水线式快速棉花品级检测装置及检测方法	西安工程大学	2024
161	一种基于水势实时测定的棉花脱叶进程监测方法及装置	中国农业大学	2024
162	一种棉花细胞色素基因 GhCB5b 及应用	华中农业大学	2024
163	CRISPR/Cas13b 介导的棉花 RNA 转录调控方法	华中农业大学	2024
164	一种棉花种子加工装置及方法	江西省红壤及种质资源研究所	2024
165	一种棉花采摘测试试验台	石河子大学	2024
166	一种棉花施肥机	长江大学	2024
167	一种利用基因编辑技术创制棉花同时矮化和黄化材料的方法	新疆农垦科学院	2024
168	棉花变量打顶方法、装置、电子设备和存储介质	中化现代农业有限公司	2024
169	用于棉花采摘单元的框架设计及使用方法	迪尔公司	2024
170	一种棉花单株形态照片的拍摄方法及其辅助装置	新疆农业科学院经济作物研究所	2024
171	一种棉花脱叶组合物及采用其的棉花脱叶方法	中国农业大学	2024
172	棉花质量监管车载系统及应用方法	石河子大学	2024
173	一种制棉花营养钵机器	王运根	2024
174	一种棉花栽培用覆膜装置	常德市农林科学研究院	2024

序号	发明（设计）名称	申请（专利权）人	年度
175	棉花播种机	安徽省农业科学院棉花研究所	2024
176	一种棉花自交器	中国农业科学院棉花研究所	2024
177	与棉花纤维长度和强度相关的 KASP 分子标记及应用	河北省农林科学院棉花研究所	2024
178	棉花施肥设备	安徽省农业科学院棉花研究所	2024
179	GhTPS6 基因在调控棉花黄萎病抗性中的应用	三亚中国农业科学院国家南繁研究院	2024
180	GhTPS47 基因在调控棉花黄萎病抗性中的应用	三亚中国农业科学院国家南繁研究院	2024
181	棉花 GhRV8 基因在负调控黄萎病抗性中应用	河南大学三亚研究院；河南大学	2024
182	一种同步改良棉花纤维长度和强度性状的分子育种方法	中国农业科学院棉花研究所	2024
183	与棉花纤维长度关联的基因簇 GhAPs 及其应用	河北省农林科学院棉花研究所	2024
184	一个调控棉花生长发育的基因 Gh-BEL1	甘肃农业大学	2024
185	棉花秸秆基生物质硬碳负极材料及其制备方法与应用	钛科（大连）新能源有限公司	2024
186	一种棉花种子硫酸脱绒用容器	河南科技学院；王宝应	2024
187	一种棉花地的地上生物量生成方法和装置	中国科学院地理科学与资源研究所	2024
188	一种用于检测棉花中 17L397-1 的核酸序列及其检测方法	中国农业科学院棉花研究所	2024
189	一种利用棉花秸秆沤肥发酵的装置	新疆农业科学院土壤肥料与农业节水研究所	2024
190	棉花纤维强度性状关联的 GhEIF5A 基因的应用	浙江大学	2024
191	一种棉花延迟型冷害动态的预报方法	北京飞花科技有限公司	2024
192	一种干旱区滴灌棉花水肥盐一体化高效栽培技术	中国科学院南京土壤研究所	2024

序号	发明（设计）名称	申请（专利权）人	年度
193	一种棉花打包卷膜及其制备方法	浙江亚嘉采棉机配件有限公司	2024
194	一种棉花纤维素纳米纤维/聚己内酯复合材料乙酰化的制备方法	福建省南安市帮登鞋业有限公司	2024
195	阈值修正的孔隙度模型计算棉花叶面积指数的方法及系统	中国农业大学	2024
196	一种棉花谷胱甘肽硫转移酶基因GhGSTU19 及其应用	浙江大学海南研究院	2024
197	棉花秸秆切割打捆收获机	塔里木大学	2024
198	来自中棉所 70 群体中能提高棉花纤维强度的 SNP 标记	中国农业科学院棉花研究所	2024
199	一种可测量湿度的棉花收购用称重装置	盐城市鼎瀚纺织原料有限公司	2024
200	一种棉花圆模搬运开模装置	中华全国供销合作总社郑州棉麻工程技术设计研究所	2024
201	一种与棉花纤维品质相关的基因、超表达载体和敲除载体及应用	深圳全棉时代科技有限公司；华中农业大学	2024
202	一种棉花蚜虫遥感预报模型的构建方法	新疆农业大学	2024
203	一种阵列切割刀式棉花打顶机及其控制方法	农业农村部南京农业机械化研究所	2024
204	一种适用于新疆盐碱土壤棉花减肥增效的栽培方法	中国科学院新疆生态与地理研究所	2024
205	一种附带规格调节功能的棉花打包机	泰兴市翔宏环保机械有限公司	2024
206	快速诊断棉花种子耐盐碱能力的方法	石河子大学	2024
207	一种棉花样品快速分析方法	安庆市鑫益智能设备制造有限公司	2024
208	一种棉花打包膜及其制备方法	广州鹿山新材料股份有限公司；广州鹿山先进材料有限公司	2024
209	一种耐高温棉花新品种的培育方法	安徽省农业科学院棉花研究所	2024
210	棉花 SINAE3 泛素连接酶基因在提高植物抗旱性中的应用	中棉所长江科研中心	2024

序号	发明（设计）名称	申请（专利权）人	年度
211	一种棉花细胞壁强度调控基因及其应用	河北省农林科学院棉花研究所	2024
212	棉花 GhIQD21 基因序列及其克隆与应用	中国农业科学院棉花研究所	2024
213	一种基于棉花顶叶成熟期分类识别的化学打顶方法	山东理工大学；山东儒风生态农业股份有限公司	2024
214	一种便于调配的棉花脱叶用农药喷洒装置	塔里木大学	2024
215	棉花植株生长期识别方法、系统、存储介质及设备	山东大学；山东锋士信息技术有限公司	2024
216	陆地棉 GhMS20 基因及其在创制棉花单显性雄性不育系的应用	石河子大学	2024
217	棉花打顶的电动作业机	黄健	2024
218	GhLPL2 基因在提高棉花黄萎病抗病性中的应用	南京农业大学	2024
219	棉花早催熟防烂铃方法	河北省农林科学院棉花研究所	2024
220	一种棉花纤维引导装置	德州市纤维检验所	2024
221	棉花秸秆拱疏排桩航道护岸系统及其施工方法	江苏省盐城市航道管理处；盐城工学院	2024
222	一种快速筛选抗黄萎病棉花品种的方法	新疆农业科学院经济作物研究所	2024
223	一种与棉花铃重性状紧密连锁的分子标记及其应用	南京农业大学三亚研究院	2024
224	一种与棉花纤维长度相关的分子标记及其应用	河北省农林科学院粮油作物研究所	2024
225	一种转基因棉花 COT102 品系的双重荧光定量 PCR 检测	上海海关动植物与食品检验检疫技术中心	2024
226	一种与棉花纤维长度 QTL 紧密连锁的 KASP 分子标记和应用	中国农业科学院棉花研究所	2024
227	一种棉花多心室控制基因 GaMV 连锁的 SNP 位点及其应用	中国农业科学院生物技术研究所	2024
228	棉花皱叶控制基因 GhZY、连锁 SNP 位点及其应用	中国农业科学院生物技术研究所	2024

续表

序号	发明（设计）名称	申请（专利权）人	年度
229	一种棉花启动子 PGhPGF 及其重组载体和应用	河南大学	2024
230	棉花肉桂醇脱氢酶基因在抗黄萎病中的应用	河南大学三亚研究院；河南大学	2024
231	磷酸二氢钾在棉花种植中的应用及引发剂	华中农业大学	2024
232	一种棉花种子恒温储存装置	丰耀现代农业产业研究院（山东）有限公司	2024
233	棉花秸秆纤维土坡面加固系统及其施工方法	江苏省盐城市航道管理处；盐城工学院	2024
234	一种基于计算机视觉的棉花作物行检测方法、装置及存储介质	安徽中科智能感知科技股份有限公司	2024
235	一种高产且优质的棉花品种、培育方法及其应用	西南大学	2024
236	一种棉花清杂装置	安徽寿县银丰棉业有限责任公司	2024
237	棉花耐盐负调控基因 GhFB15 及应用	河北省农林科学院棉花研究所	2024
238	棉花 Gh _ A09G0075 基因在植物生长调节中应用	河南大学	2024
239	一种方便收卷的棉花加工用折叠装置	宿迁亿友棉业有限公司	2024

5.3.2 主要研究机构概况

本节主要通过专利权人的角度分析涉棉科研主体概况。基于表 5-8 统计了 2023—2024 年度授权专利与专利权人的归属关系，详细结果如表 5-9 所示（仅列出了授权数量在 2 项以上的单位或个人）。可以看出，中国农业科学院棉花研究所的专利授权数量高居榜首，彰显了其在棉花领域的深厚研究实力。塔里木大学、石河子大学、华中农业大学、河北省农林科学院棉花研究所、新疆农业大学、安徽省农业科学院棉花研究所、三亚中国农业科学院国家南繁研究院和中国农业大学发明专利授权数量都在 5 项以上，体现了这些涉棉科研单位较强的棉花研究能力。另外，也可以看到很多涉棉企业和研究所也在发明专利授权上颇有建树。值得指出的是，与论文发表有所不同，全国棉花主产区新疆在专利申请与授权方面并不占主导地位，从一定程度上反映了其研究的重理论、轻工程实践和实际转化的问题。图5-6以词云的形式更加直观地展示了涉棉科研单位在发明专利授权中的比重。

表5-9 2023—2024年度涉棉发明专利申请（专利权）人概况

序号	申请（专利权）人	数量（项）	占比（%）
1	中国农业科学院棉花研究所	17	0.0705
2	塔里木大学	11	0.0456
3	石河子大学	10	0.0415
4	华中农业大学	9	0.0373
5	河北省农林科学院棉花研究所	7	0.029
6	新疆农业大学	6	0.0249
7	安徽省农业科学院棉花研究所	5	0.0207
8	三亚中国农业科学院国家南繁研究院	5	0.0207
9	中国农业大学	5	0.0207
10	南京农业大学	4	0.0166
11	新疆农垦科学院	4	0.0166
12	长江大学	4	0.0166
13	北京飞花科技有限公司	3	0.0124
14	迪尔公司	3	0.0124
15	湖北省农业科学院经济作物研究所	3	0.0124
16	南通黄海药械有限公司	3	0.0124
17	农业部南京农业机械化研究所	3	0.0124
18	西南大学	3	0.0124
19	新疆农业科学院经济作物研究所	3	0.0124
20	中国农业科学院生物技术研究所	3	0.0124

续表

序号	申请（专利权）人	数量（项）	占比（%）
21	滨州市农业机械化科学研究所	2	0.0083
22	河北省农林科学院粮油作物研究所	2	0.0083
23	河南大学	2	0.0083
24	河南大学三亚研究院	2	0.0083
25	河南科技学院	2	0.0083
26	江苏省盐城市航道管理处	2	0.0083
27	南通大学	2	0.0083
28	山东省农业机械科学研究院	2	0.0083
29	山东省农业科学院	2	0.0083
30	唐山学院	2	0.0083
31	西安工程大学	2	0.0083
32	新疆天业节水灌溉股份有限公司	2	0.0083
33	盐城市鼎瀚纺织原料有限公司	2	0.0083
34	浙江大学	2	0.0083
35	郑州大学	2	0.0083
36	郑州棉麻工程技术设计研究所	2	0.0083

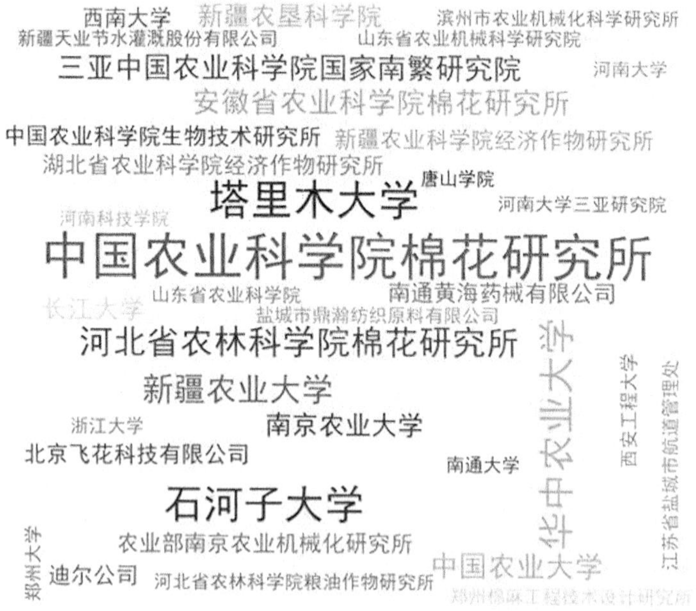

图 5-6 2023—2024 涉棉发明专利申请（专利权）人比重

5.3.3 主要研究内容概况

与 5.1.3 节类似，根据先后顺序依次将完整棉花产业链划分为育种、栽培、植保（田间管理阶段）、收获、初加工、检测、仓储、物流以及深加工 9 个阶段。按照上述 9 个阶段依次对近两年授权的发明专利进行归类，详细结果如表 5-9 所示。可以看出在 2023 年授权的 152 项专利中，38 项属于育种阶段、占比 25%，28 项属于植保阶段、占比 18.42%，23 项属于检测阶段、占比 15.13%，22 项属于栽培阶段、占比 14.47%，18 项属于收获阶段、占比 11.84%，12 项属于初加工阶段、占比 7.89%，6 项属于深加工阶段、占比 3.95%，仓储和物流各有 2 项，均占比 1.32%，总体来说，属于产业链前段的育种、栽培、植保和收获总体占比 70.4%，属于产业链中后段的初加工、检测、仓储、物流和深加工整体占比 29.6%。2024 年授权的 87 项专利中，35 项属于育种阶段、占比 40.23%，14 项属于检测阶段、占比 16.09%，12 项属于植保阶段、占比 13.79%，8 项属于栽培阶段、占比 9.2%，8 项属于初加工阶段、占比 9.2%，7 项属于收获阶段、占比 8.05%，2 项属于仓储阶段、占比 2.3%，1 项属于深加工阶段、占比 1.15%，总体来说，属于产业链前段的育种、栽培、植保和收获总体占比 71.26%，属于产业链中后段的初加工、检测、仓储、物流和深加工整体占比 28.74%。由以上分析可以看出，从专利申请与授权角度来说存在与 5.1.3 节和 5.2.3 节中相似的情况，即属于产业链前段的专利申请较多，而属于产业链中后段的专利申请则相对不足，图 5-7 以饼图的形式更加直观地展示了各个阶段专利占比情况。

表 5-10　2023—2024 年度涉棉专利主要内容概况

序号	发明（设计）名称	阶段	年度
1	一种适用于生育期间棉花行间的地膜回收装置	收获	2023
2	机采棉棉花加工方法、机采棉加湿系统及机采棉生产线	初加工	2023
3	GhAOC4 基因敲除创造棉花雄性不育和保持两用系的方法	育种	2023
4	棉花中脱叶剂的分离检测方法	检测	2023
5	小规模棉花加工	初加工	2023
6	棉花幼苗增叶壮苗的引发剂及其方法	植保	2023
7	一种棉花病虫害防治用精量高效施药设备	植保	2023
8	棉花小区育种精量播种机	栽培	2023
9	一种棉花异性纤维的互信息识别方法	检测	2023
10	棉花苗期叶片棉蚜早期危害的监测方法及系统	植保	2023
11	一种棉花中耕松土机	植保	2023
12	一种防治棉花枯萎病的微生物菌剂及其制备方法	植保	2023
13	一种智能化棉花纺织用开松机	初加工	2023
14	一种棉花播种机覆土辊焊接机器人	栽培	2023
15	基于无人机高光谱的棉花叶片氮含量监测方法及系统	检测	2023
16	一种自支撑棉花生物质碳负载红磷钠离子电池负极材料及其制备方法	深加工	2023
17	一种基于棉花叶片茸毛特性生理抗蚜虫的鉴定方法	检测	2023
18	一种棉花复合阳离子型共价有机骨架材料及作为固相萃取剂的应用	深加工	2023
19	一种棉花 GaTFL1 基因及其应用和鉴定方法	育种	2023
20	一种棉花中期染色体非变性荧光原位杂交方法	育种	2023
21	一种棉花 APR 基因的启动子、获取方法及应用、融合载体、制备方法及应用	育种	2023
22	GhREM 蛋白及其编码基因在调控棉花抗蚜性能中的应用	育种	2023

序号	发明（设计）名称	阶段	年度
23	一种 TRV 病毒诱导棉花 PR5 基因沉默的方法和应用	育种	2023
24	一种全氟棉花固相萃取材料及其在有机氟化物的富集与检测中的应用	深加工	2023
25	一种用于高地隙棉花的可伸缩喷药机	植保	2023
26	棉花 GH_D03G1517 基因在促进抗旱和耐盐中的应用	育种	2023
27	一种纺织棉花与棉花籽脱离装置	初加工	2023
28	棉花 N－乙酰谷氨酸激酶 GhNAGK、其编码基因及应用	育种	2023
29	一种调控棉花纤维长度的基因及其应用	育种	2023
30	一种棉花播种直播器	栽培	2023
31	一种掺磷尾矿砂并有棉花秸秆加筋的粉喷桩及其施工方法	初加工	2023
32	葡萄糖在棉花种植中的应用及引发剂	栽培	2023
33	一种悬挂式棉花打顶消毒回收装置	植保	2023
34	一种高产棉花株行距配置优化方法	栽培	2023
35	一种复合微生物菌剂及其在防治棉花黄萎病中的应用	植保	2023
36	一种棉花采样机械手	收获	2023
37	一种滴灌覆膜棉花的栽培方法	栽培	2023
38	一种提取棉花黄萎病致病菌孢内毒素的方法及其应用	检测	2023
39	棉花加工杂物自动分离设备	初加工	2023
40	一种基于深度视觉的棉花内杂物识别系统	检测	2023
41	一种棉花短周期培育方法	栽培	2023
42	棉花锌指蛋白 GhZFPH4 及其编码基因和应用	育种	2023
43	一种棉花育种基质制备系统	育种	2023
44	一种气吸自走式棉花收获机	收获	2023
45	一种棉花基因组 DNA 提取装置	检测	2023
46	一种棉花高温热害预测方法	植保	2023
47	一种基于多父本选择的优质高产多抗棉花育种方法	育种	2023
48	一种棉花套种荷兰豆的栽培方法	栽培	2023
49	一种气力辅助板齿式棉花采摘台	收获	2023

序号	发明（设计）名称	阶段	年度
50	一种棉花收获去杂实验台	收获	2023
51	基因 GhSWEET42 在防治棉花黄萎病中的应用	育种	2023
52	一种棉花打包机液压控制系统	收获	2023
53	一种适用于棉花种子的精量包衣装置	栽培	2023
54	一种高效率棉花运输设备	物流	2023
55	一种小麦套种棉花播种施肥联合作业机	栽培	2023
56	一种夹持式棉花拔杆粉碎机	收获	2023
57	一种漏网式棉花打顶机	植保	2023
58	进口印度棉花品级检验级距标样的制作方法	检测	2023
59	一种棉花植物保护用灭虫装置	植保	2023
60	一种棉花基多孔生物质碳的制备方法	初加工	2023
61	一种棉花黄萎病病害发生表型识别的方法	检测	2023
62	棉花打包膜用固体胶粘剂及其制备方法	收获	2023
63	一种新疆棉花花铃期抗旱性的综合评价方法	植保	2023
64	甩动除杂式棉花内衬床垫收卷装置	深加工	2023
65	检测棉花转基因成分的引物对组合、试剂盒及检测方法	检测	2023
66	一种便于机采的棉花种质资源筛选方法	育种	2023
67	一种基于高棉酚棉籽开发棉花芽苗菜的方法	栽培	2023
68	一种棉花纸加工污水净化处理系统	深加工	2023
69	一种天然棉花颜色分类的方法	检测	2023
70	一种棉花加代繁育快速成铃的方法	育种	2023
71	GhAIL6 基因在促进棉花胚性愈伤组织形成的用途	育种	2023
72	一种棉花无膜栽培种下施肥播种装置	植保	2023
73	一种筛选高吸镉棉花品种方法	育种	2023
74	一种小型棉花皮辊式试轧机	初加工	2023
75	一种用于提高盐碱地棉花种子发芽率的辅助装置	栽培	2023
76	一种棉花打顶机静态夹持结构及方法	植保	2023

序号	发明（设计）名称	阶段	年度
77	一种棉花加工用前处理梳理一体化装置	初加工	2023
78	一种棉花离线打包系统及打包方法	初加工	2023
79	一种棉花短纤维长度测量仪	检测	2023
80	棉花脂转运蛋白基因 GhFIL 在改良棉花纤维品质中的应用	育种	2023
81	棉花 β-1，3-葡聚糖酶基因 GhGLU18 在改良棉花纤维品质中的应用	育种	2023
82	一株防治棉花苗期根腐病的莫海威芽孢杆菌及其应用	栽培	2023
83	棉花基因 GhGTG1 在植物耐冷胁迫方面的应用	育种	2023
84	用于检测棉花曲叶病毒的 RPA 引物、试剂盒及其检测方法与应用	检测	2023
85	一种棉花加工用的废绒回收装置	初加工	2023
86	一种棉花脱叶剂施药处方图生成方法及装置	植保	2023
87	一种棉花叶片中心点位置定位方法	检测	2023
88	一种田间棉花智能精准打顶装置	植保	2023
89	一种棉花种植土壤检测设备	检测	2023
90	一种棉花花药开裂状态识别方法及系统	检测	2023
91	一种农业用棉花脱壳机	收获	2023
92	一种制备用于棉花胚珠空间转录组分析的切片的方法	育种	2023
93	棉花纤维特异表达启动子 8DP2 及其应用	育种	2023
94	一种可移动式棉包及棉花自动取样装置及其取样方法	仓储	2023
95	一种可调节式棉花异纤清除机	检测	2023
96	一种用于棉花小区育种试验的开穴播种装置	栽培	2023
97	一种棉花加工生产质量检测方法	检测	2023
98	一种棉花播种机及等株距覆土播种方法	栽培	2023
99	一种棉花打顶控制方法、棉花打顶设备及相关装置	植保	2023
100	棉花轧花前籽棉回潮率调节系统及方法	检测	2023
101	一种整地同位仿形棉花单粒精播覆膜联合作业机	栽培	2023
102	鉴定棉花纤维比强度和马克隆值的 SNP 分子标记及应用	检测	2023
103	一种提高棉花产量和纤维品质的小分子物质	植保	2023

续表

序号	发明（设计）名称	阶段	年度
104	一种筛选棉花萌发出苗期耐冷品种的方法及其应用	育种	2023
105	一种提高棉花种子质量和油脂含量的方法	育种	2023
106	一种棉花的化学调控方法	育种	2023
107	一种耐干旱棉花育种方法及应用	育种	2023
108	一种促进棉花水分吸收助剂、制备方法及使用方法	植保	2023
109	一种棉花打包膜复合拼接设备	收获	2023
110	一种具有高堆积密度的棉花收集装置及使用方法	仓储	2023
111	棉花纤维品质相关的 GhJMJ12 基因 SNP 标记及其应用	育种	2023
112	一种棉花打包膜复合拼接设备	收获	2023
113	一种棉花收割自动打包用热熔胶及其制备方法和应用	收获	2023
114	一种可自动切断埋压滴灌带和地膜的新型棉花播种机	栽培	2023
115	一种联合作业式棉花精量播种机	栽培	2023
116	一种棉花钾转运体基因启动子及其应用	育种	2023
117	鼠李糖脂在治理盐碱地土壤以及提高盐碱地棉花产量中的应用	栽培	2023
118	手持式棉花点播器	栽培	2023
119	棉花捆直径可调的高密度不停机棉花打捆成形机及方法	收获	2023
120	一种色块编码定位的棉花穴播排种质量监测系统	栽培	2023
121	液压棉花单元滚筒驱动器	收获	2023
122	一种促进棉花提前成熟的方法	植保	2023
123	一种适用于棉花栽培的施肥装置及配置施肥方法	植保	2023
124	一株抗棉花黄萎病的根瘤菌 DG3-1 及其用途	植保	2023
125	一种棉花打包膜用热熔压敏胶及其制备方法	收获	2023
126	一种促进棉花加代繁育的室内栽培方法	栽培	2023
127	一种棉花 GhGlu19 基因及其在提高棉花产量中的应用	育种	2023
128	调控棉花纤维伸长的基因 GhZFP8 及其应用	育种	2023
129	一种棉花秸秆聚拢机	收获	2023
130	一种获取棉花叶片丛聚指数的数字图像方法及系统	检测	2023

序号	发明（设计）名称	阶段	年度
131	一种用于棉花防病促生长的药肥及其制备方法	植保	2023
132	一种基于转录组和蛋白组联合分析的棉花耐盐基因发现方法及其应用	育种	2023
133	四组分 BSMV 超表达棉花基因载体的应用及构建方法	育种	2023
134	一种提高棉花耐旱和耐盐碱能力的 sgRNA 及其应用	育种	2023
135	棉花包卷膜	收获	2023
136	棉花 GhALS 突变型蛋白、基因及其分子标记和应用	育种	2023
137	一种智能测高运动平稳精准控制的棉花打顶机器人系统	植保	2023
138	一种棉花早期基因沉默方法 Si－VIGS	育种	2023
139	一种棉花装卸运输阴燃监测方法及装置	物流	2023
140	一种干爽型棉花面层卫生巾经期裤制备工艺	深加工	2023
141	基于棉花 SSR 分子标记筛选藏紫草的特异性 SSR 标记方法	育种	2023
142	棉花对没顶淹涝的一种抗性鉴定方法	植保	2023
143	一种高效棉花秸秆腐熟剂及其制备方法	初加工	2023
144	一种棉花转化事件 KJC003 及其应用	检测	2023
145	基于无人机风场的棉花虫害监测方法与系统	检测	2023
146	一种棉花快速采摘装置	收获	2023
147	GhGPAT12 蛋白和 GhGPAT25 蛋白在调控棉花雄性生殖发育中的应用	育种	2023
148	一种滴灌棉花氮营养亏损诊断方法及系统	植保	2023
149	一种快换锁及应用该快换锁的棉花专用施药机	植保	2023
150	一种喷洒装置及应用该装置的棉花专用施药机	植保	2023
151	一种送风装置及应用该装置的棉花专用施药机	植保	2023
152	GhMYB44 基因在棉花愈伤组织分化发育中的应用	育种	2023
153	一种棉花采样装置	检测	2024
154	一种多角度光谱组合的棉花叶片氮素浓度监测方法	检测	2024
155	提高离体培养棉花胚珠纤维品质的培养基及培养方法	育种	2024
156	一种棉花采摘试验台专用传输台	收获	2024
157	用于棉花收获机的底部护罩的控制机构	收获	2024

序号	发明（设计）名称	阶段	年度
158	一种棉花种子去壳工艺及装置	育种	2024
159	一种室内筛选适用于与棉花间作的功能植物的方法	栽培	2024
160	一种流水线式快速棉花品级检测装置及检测方法	检测	2024
161	一种基于水势实时测定的棉花脱叶进程监测方法及装置	植保	2024
162	一种棉花细胞色素基因 GhCB5b 及应用	育种	2024
163	CRISPR/Cas13b 介导的棉花 RNA 转录调控方法	育种	2024
164	一种棉花种子加工装置及方法	育种	2024
165	一种棉花采摘测试试验台	收获	2024
166	一种棉花施肥机	植保	2024
167	一种利用基因编辑技术创制棉花同时矮化和黄化材料的方法	育种	2024
168	棉花变量打顶方法、装置、电子设备和存储介质	植保	2024
169	用于棉花采摘单元的框架设计及使用方法	收获	2024
170	一种棉花单株形态照片的拍摄方法及其辅助装置	检测	2024
171	一种棉花脱叶组合物及采用其的棉花脱叶方法	植保	2024
172	棉花质量监管车载系统及应用方法	检测	2024
173	一种制棉花营养钵机器	栽培	2024
174	一种棉花栽培用覆膜装置	栽培	2024
175	棉花播种机	栽培	2024
176	一种棉花自交器	栽培	2024
177	与棉花纤维长度和强度相关的 KASP 分子标记及应用	育种	2024
178	棉花施肥设备	植保	2024
179	GhTPS6 基因在调控棉花黄萎病抗性中的应用	育种	2024
180	GhTPS47 基因在调控棉花黄萎病抗性中的应用	育种	2024
181	棉花 GhRV8 基因在负调控黄萎病抗性中应用	育种	2024
182	一种同步改良棉花纤维长度和强度性状的分子育种方法	育种	2024
183	与棉花纤维长度关联的基因簇 GhAPs 及其应用	育种	2024
184	一个调控棉花生长发育的基因 GhBEL1	育种	2024

序号	发明（设计）名称	阶段	年度
185	棉花秸秆基生物质硬碳负极材料及其制备方法与应用	初加工	2024
186	一种棉花种子硫酸脱绒用容器	栽培	2024
187	一种棉花地的地上生物量生成方法和装置	检测	2024
188	一种用于检测棉花中 17L397－1 的核酸序列及其检测方法	检测	2024
189	一种利用棉花秸秆沤肥发酵的装置	初加工	2024
190	棉花纤维强度性状关联的 GhEIF5A 基因的应用	育种	2024
191	一种棉花延迟型冷害动态的预报方法	植保	2024
192	一种干旱区滴灌棉花水肥盐一体化高效栽培技术	栽培	2024
193	一种棉花打包卷膜及其制备方法	收获	2024
194	一种棉花纤维素纳米纤维/聚己内酯复合材料乙酰化的制备方法	深加工	2024
195	阈值修正的孔隙度模型计算棉花叶面积指数的方法及系统	检测	2024
196	一种棉花谷胱甘肽硫转移酶基因 GhGSTU19 及其应用	育种	2024
197	棉花秸秆切割打捆收获机	初加工	2024
198	来自中棉所 70 群体中能提高棉花纤维强度的 SNP 标记	育种	2024
199	一种可测量湿度的棉花收购用称重装置	检测	2024
200	一种棉花圆模搬运开模装置	仓储	2024
201	一种与棉花纤维品质相关的基因、超表达载体和敲除载体及应用	育种	2024
202	一种棉花蚜虫遥感预报模型的构建方法	植保	2024
203	一种阵列切割刀式棉花打顶机及其控制方法	植保	2024
204	一种适用于新疆盐碱土壤棉花减肥增效的栽培方法	栽培	2024
205	一种附带规格调节功能的棉花打包机	收获	2024
206	快速诊断棉花种子耐盐碱能力的方法	检测	2024
207	一种棉花样品快速分析方法	检测	2024
208	一种棉花打包膜及其制备方法	收获	2024
209	一种耐高温棉花新品种的培育方法	育种	2024
210	棉花 SINAE3 泛素连接酶基因在提高植物抗旱性中的应用	育种	2024
211	一种棉花细胞壁强度调控基因及其应用	育种	2024

序号	发明（设计）名称	阶段	年度
212	棉花 GhIQD21 基因序列及其克隆与应用	育种	2024
213	一种基于棉花顶叶成熟期分类识别的化学打顶方法	植保	2024
214	一种便于调配的棉花脱叶用农药喷洒装置	植保	2024
215	棉花植株生长期识别方法、系统、存储介质及设备	检测	2024
216	陆地棉 GhMS20 基因及其在创制棉花单显性雄性不育系的应用	育种	2024
217	棉花打顶的电动作业机	植保	2024
218	GhLPL2 基因在提高棉花黄萎病抗病性中的应用	育种	2024
219	棉花早催熟防烂铃方法	植保	2024
220	一种棉花纤维引导装置	初加工	2024
221	棉花秸秆拱疏排桩航道护岸系统及其施工方法	初加工	2024
222	一种快速筛选抗黄萎病棉花品种的方法	检测	2024
223	一种与棉花铃重性状紧密连锁的分子标记及其应用	育种	2024
224	一种与棉花纤维长度相关的分子标记及其应用	育种	2024
225	一种转基因棉花 COT102 品系的双重荧光定量 PCR 检测	育种	2024
226	一种与棉花纤维长度 QTL 紧密连锁的 KASP 分子标记和应用	育种	2024
227	一种棉花多心室控制基因 GaMV 连锁的 SNP 位点及其应用	育种	2024
228	棉花皱叶控制基因 GhZY、连锁 SNP 位点及其应用	育种	2024
229	一种棉花启动子 PGhPGF 及其重组载体和应用	育种	2024
230	棉花肉桂醇脱氢酶基因在抗黄萎病中的应用	育种	2024
231	磷酸二氢钾在棉花种植中的应用及引发剂	育种	2024
232	一种棉花种子恒温储存装置	仓储	2024
233	棉花秸秆纤维土坡面加固系统及其施工方法	初加工	2024
234	一种基于计算机视觉的棉花作物行检测方法、装置及存储介质	检测	2024
235	一种高产且优质的棉花品种、培育方法及其应用	育种	2024
236	一种棉花清杂装置	初加工	2024
237	棉花耐盐负调控基因 GhFB15 及应用	育种	2024

续表

序号	发明（设计）名称	阶段	年度
238	棉花 Gh ＿ A09G0075 基因在植物生长调节中应用	育种	2024
239	一种方便收卷的棉花加工用折叠装置	初加工	2024

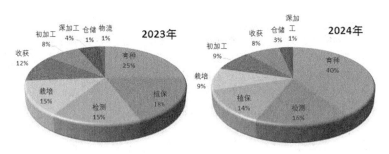

图 5－7　2023—2024 年度涉棉专利主要内容概况

5.4 小　结

本章主要由安徽财经大学张雪东老师主笔撰写，周万怀老师、李浩老师负责协助数据搜集和分析，刘从九老师和徐守东老师负责审查。文中所采用的数据均来自国家自然科学基金委员会（National Natural Science Foundation of China，NSFC），国家知识产权局（China National Intellectual Property Adminstration，CNIPA）以及中国知网（China National Knowledge Infrastructure，CNKI）等官方权威数据。这里对本章中的数据来源单位和对内容起到帮助作用的引文作者及相关单位表示衷心的谢意！

附录　2023/2024 年度棉花行业大事记

附录 1　《锯齿轧花机》等标准审查会暨工作会议在北京召开

2023 年 8 月 15 日，全国棉花加工标准化技术委员会在北京召开《锯齿轧花机》《皮辊轧花机》2 项国家标准和《棉包码包机》行业标准审查会。由中国机械科学研究总院、中国标准化研究院、中国纤维质量监测中心、中国棉花协会棉花工业分会、中华全国供销合作总社郑州棉麻工程技术设计研究所、安徽财经大学等单位的专家对标准进行了审查，3 项标准均通过审查。来自中华棉花集团有限公司、山东天鹅棉业机械股份有限公司、北京智棉科技有限公司、新疆天鹅现代农业装备有限公司等单位的专家和委员参加了会议。

附录2　2023年新疆棉花加工产业发展会议在乌鲁木齐召开

2023年9月14日，新疆棉花加工产业发展会议在新疆维吾尔自治区乌鲁木齐市召开，会议由中国棉花协会棉花工业分会、新疆维吾尔自治区棉花协会主办，中华棉花集团有限公司、中信期货有限公司、山东天鹅棉业机械股份有限公司承办，南通御丰塑钢包装有限公司协办。会议主题是"科学管理稳健经营助力棉花加工产业高质量发展——新形势下的新疆棉花收购加工发展"。来自新疆维吾尔自治区有关政府部门、行业组织、金融机构、棉花加工企业、棉花流通企业、棉机装备制造企业、棉花包装材料生产企业等200多名代表参会，围绕"加快构建棉花加工产业新发展格局、共同推动棉花加工产业高质量健康发展"进行深入探讨。

附录3　中国棉花协会参加国际棉花协会（ICA）年会

2023年10月11—12日，应国际棉花协会（ICA）邀请，中国棉花协会派员参加了由新加坡举办的主题为"贸易活动——新加坡2023"的国际性棉花会议。来自全球棉业界近700名棉花行业代表参加了会议，本届会议就全球棉花贸易环境、关注全球主要需求市场、仲裁，以及满足日益增长的粮食和饲料需求对棉花行业的影响等主题发言，并就可追溯供应链立法等专题进行讨论。本届会议产生了新一任的ICA主席，并举行了新旧主席的交接仪式。中国棉花协会常务副会长兼秘书长王建红、会员服务部主任翟乃刚参加此次会议，会议期间，中国棉花协会与各国棉业界代表进行了广泛而深入的交流，并向与会代表介绍了中国棉花可持续发展项目的进展情况。

附录4　中国棉花协会召开四届九次常务理事会

2023年11月14日，中国棉花协会在新疆乌鲁木齐召开了四届九次常务理事会，中国棉花协会常务理事单位代表参加了会议。会议交流了新棉生产及收购加工情况，分析了棉花和纺织产购销形势，对本年度后期市场发展趋势做了研判，并提出了宏观调控政策建议。

附录 5　2023 年新疆棉花产业发展论坛暨新疆棉花产销对接会

　　2023 年 11 月 15 日，新疆棉花产业发展论坛暨新疆棉花产销对接会在乌鲁木齐召开。本次大会由全国棉花交易市场、中国棉花协会、中国棉纺织行业协会、新疆维吾尔自治区棉花产业发展领导小组办公室、中国农业发展银行新疆分行联合主办，会议以"新形势、新机遇、新作为"为主题，与会代表共同围绕面对新形势，如何抢抓新机遇，持续提升新疆棉花市场竞争力、促进新疆棉花产销对接、扩大新疆棉花消费等方面展开深入讨论。本次大会由郑州商品交易所协办，北京棉花展望信息咨询有限责任公司承办，来自政府有关部门、行业组织、棉花收购加工、贸易、进出口、纺织以及金融机构等棉花产业链企业代表逾 500 人参加了本次会议。

附录6　全国棉花加工标准化技术委员会2023年度
工作会议暨标准审查会成功召开

　　全国棉花加工标准化技术委员会（以下简称"标委会"）于2023年12月21日在北京召开2023年度工作会议。来自中国棉花协会棉花工业分会、中华全国供销合作总社郑州棉麻工程技术设计研究所、安徽财经大学、石河子大学、中华棉花集团有限公司、山东天鹅棉业机械有限公司、北京智棉科技有限公司、南通御丰塑钢包装有限公司、新疆生产建设兵团图木舒克棉花检验测试中心等社团、研究院所、院校、检测机构及涉棉企业的委员和专家参加了会议。中华全国供销合作总社科教社团部副部长吴蕾，标准质量处处长周子乔，中华棉花集团有限公司副总裁、中国棉花协会棉花工业分会执行会长韩金参加会议并讲话。

附录 7 2024 中国棉业发展高峰论坛于 5 月在西安举办

2024 中国棉业发展高峰论坛于 5 月 30—31 日在陕西省西安市召开。"中国棉业发展高峰论坛"（以下简称论坛）是中国棉花协会主办的行业峰会，自协会成立起每两年举办一次，2024 年是第十届。论坛将邀请国内有关政府部门、国内外棉业组织、棉商、纺织企业、品牌商代表参会并做大会发言。

附录 8 澳大利亚棉商协会拜访中国棉花协会

2024 年 3 月 4 日，澳大利亚棉商协会（ACSA）主席 Tony Geitz 先生和副主席 Richard Porter 先生一行七人，拜访了中国棉花协会。中国棉花协会常务副会长兼秘书长王建红向澳方介绍了协会概况，强调协会一直以来积极参与国际事务，推动中国棉业的国际交流。重点介绍了由协会牵头，于 2021 年联合四家相关行业协会发起的"中国棉花可持续发展项目（CCSD）"，以及"环境友好、品质优良、尊重劳动、全程可追溯"的项目理念和最新的项目进展情况。双方协会还就两国棉业发展趋势，以及中澳棉花贸易现状等话题进行了充分交流，并提出将建立长期合作机制，继续推动两国棉花领域的交流与合作。

附录 9 《机采棉加工生产数字化技术规范》国家标准通过审查

2024年3月12日，由山东天鹅棉业机械股份有限公司主持制定的《机采棉加工生产数字化技术规范》国家标准审查会在济南召开。中国标准化研究院、中国纤维质量监测中心、中国棉花协会棉花工业分会、中华全国供销合作总社郑州棉麻工程技术设计研究所、安徽财经大学等单位的专家对标准进行了审查。中华全国供销合作总社科教社团部标准质量处处长周子乔，山东省供销合作社联合社现代流通处处长吴志明、山东天鹅棉业机械股份有限公司董事长王新亭及装备制造企业、科研院所等标准起草专家参加了会议。

附录 10 中国棉花协会召开四届九次理事会暨全国棉花形势分析会

2024年3月15日，中国棉花协会在河南许昌召开中国棉花协会四届九次理事会暨全国棉花形势分析会。中国棉花协会理事单位及国家发改委经贸司、工信部消费品司、农业农村部农业经济研究中心、中国农业发展银行粮棉油部、中国棉纺织行业协会等相关部门100余名负责人参加了会议。会议表决通过了中国棉花协会副会长，新疆生产建设兵团棉麻有限公司党委书记、董事长，兵团棉花协会会长赵应龙担任 2024 年度轮值主席，审议并投票通过了协会四届九次理事会工作报告、2023 年度财务报告、变更协会分支机构负责人的报告，通报了 2023 年会员单位参与中国棉花协会活动情况。参会嘉宾以"国内宏观经济形势与大宗商品市场观察""2024 年棉花市场供需形势分析""期货期权工具在棉纺企业管理中的应用"为题做了主题报告；会议总结了 2023 年度新棉收购情况，分析了国内外棉花、纺织产购销形势，探讨了 2024 年棉花种植及未来市场发展趋势，与会代表提出了相关政策建议。最后，中国棉花协会会长高芳做了总结发言。

附录 11　《2023 年棉花加工行业产业发展报告》正式发布

　　2024 年 5 月，由中国棉花协会棉花工业分会和中华全国供销合作总社郑州棉麻工程技术设计研究所共同牵头，全国棉花加工标准化技术委员会、中华棉花集团有限公司、北京智棉科技有限公司、山东天鹅棉业机械股份有限公司、石河子大学、南通御丰塑钢包装有限公司、晨光生物科技集团股份有限公司、邯郸鑫牛农业科技有限公司等单位组成专家组撰写的《2023 年棉花加工行业产业发展报告》（以下简称《报告》）在《中国棉花加工》期刊上正式发布。

　　《报告》概述了棉花加工产业的基本情况，包括棉花产能和产量分布概况、产业数字化发展规模、面临的主要问题等，提供了全面了解产业的视角；展示了棉花加工行业标准化体系建设成果，2023 年全国棉花加工标准化技术委员会（TC407）组织制修订国家标准 2 项、行业标准 5 项，截至 2023 年底，累计制修订标准100项，其中国家标准29项，行业标准71项，不断完善棉花加工行业标准体系，发挥标准支撑和引领作用，有利于推动我国棉花加工产业转型升级、淘汰落后产能，促进产业向数字化、自动化、智能化方向发展；介绍了棉花加工关键技术装备研发、新技术和新工艺的应用成效，其中，自动化、智能化技术的应用成为推动棉花加工产业升级的关键因素；阐述了新疆机采长绒棉的种植、加工和新工艺的应用现状，展现了机采长绒棉加工工艺的技术突破和发展潜力；分析了智能化时代下棉花加工包装标识和堆垛技术的应用与发展趋势，为棉花加工行业的智能化转型提供理论指导和实践支持；描述了棉花包装材料产品类型的新发展及标准规范情况，体现了对棉花包装材料的安全性、环保性和良好售后服务的持续追求；剖析了棉副产品加工原料——棉籽的加工技术、工艺与标准化发展历程，呈现了从简单到复杂、从粗放型到精细化的转变过程。

《报告》的发布为下一步行业发展提供了重要的参考和指导，有助于明确发展方向，加强科技创新，促进绿色发展，优化产能结构，增强行业协作，保障棉花市场安全，对于推动棉花加工行业高质量可持续健康发展具有重要意义。

附录12　美国棉业代表团拜访中国棉花协会

美国国际棉花协会执行总监 Bruce Atherley、美国棉商协会主席 Ernst Schroeder 以及美国匹马棉协会总裁兼首席执行官 Marc Lewkowitz 等12人代表团于5月13日下午拜访中国棉花协会。中国棉花协会常务副会长兼秘书长王建红欢迎美国棉业代表团来访，并表示双方协会多年来一直保持着紧密联系，也共享了许多宝贵经验。Bruce Atherley 先生对此表示感谢，并表示很高兴能够再次率领美国棉业届高级别代表团访问中国棉花协会，两国棉业保持着长期友好合作关系。

作为全美棉花产业链的代表们，美方分别向中国棉花协会介绍了美棉目前的生产、种植、出口等情况，以及分享涉及农业保险、贸易、轧花厂等整合棉田投资，综合经营利润的农场管理经验。协会向美方介绍了中国棉花市场形势，以及中国棉花可持续发展项目（CCSD）的进展情况。美方高度评价项目，并表示在短时间内可以有如此进展令人赞叹。双方表示今后将继续加强关于碳排放和可持续棉花标准等相关问题的沟通，为中美两国棉业的长期合作与发展贡献力量。

附录 13 2024 中国棉业发展高峰论坛隆重开幕

2024 年 5 月 30 日，2024 中国棉业发展高峰论坛在陕西省西安市隆重开幕。论坛由中国棉花协会主办，自协会成立起每两年举办一次，2024 年为第十届，在国内棉业界具有广泛影响力和知名度。本届论坛的主题为"发展新质生产力，推进棉花可持续"，来自国内外有关政府部门、棉业组织、棉商、纺织企业、品牌商代表近 800 人参会，围绕发展棉业新质生产力，推动产业链优化升级、绿色低碳可持续发展等议题进行深入交流，分析行业形势、开展贸易洽谈。

农业农村部、商务部、海关总署、国家统计局、国家粮食和物资储备局、中华全国供销合作总社、国家发改委价格监测中心、中国纤维质量监测中心、中国农业发展银行、中国棉纺织行业协会、中国家用纺织品行业协会、中国纺织品进出口商会、北京化工大学、南通国际家纺产业园等部门和机构的负责人、专家学者，以及棉花产业链各环节的代表参加了开幕式。

中华全国供销合作总社党组成员、理事会副主任陈祖新代表全国供销合作总社致辞，中国棉花协会会长高芳做主旨发言。开幕式由中华全国供销合作总社农资与棉麻局副局长、一级巡视员、中国棉花协会常务副会长兼秘书长王建红主持。

本届会议分为宏观论坛——政策与环境，三个主题论坛"形势分析与展望"、"棉纺产业高质量发展与风险管理"和"国际形势与展望"，圆桌论坛"发展新质生产力，推进棉花可持续"，政府有关部门、研究机构和企业的专家对国内外经济形势、农业政策、宏观调控等方面进行阐述，并分析全球棉花供需形势及发展趋势。会议期间还举办了"中国棉花之夜"活动，棉花双碳工作组正式成立。

附录 14　中国棉花之夜——棉花"双碳"工作组正式成立

2024年5月30日，中国棉花之夜活动在2024中国棉业发展高峰论坛期间隆重举行，此次活动是商务部、工信部、中华全国供销合作总社联合启动的"棉纺消费季"的系列活动之一，以"可持续棉花"为主题，推广中国棉花。

活动现场，在政府有关部门、棉业组织、行业代表以及媒体的共同见证之下，棉花"双碳"工作组正式成立。中华全国供销合作总社农资与棉麻局副局长、一级巡视员、中国棉花协会常务副会长兼秘书长王建红，新疆巴州科协党组成员、副主席周政，国家棉花产业联盟秘书长、研究员黄群，北京化工大学"一带一路"全球合作研究院执行院长刘广青，稳健医疗、全棉时代董事长及创始人李建全，中华棉花集团有限公司党委副书记、总经理杨嘉陵，新疆利华（集团）股份有限公司总经理李德华，上台共同启动工作组成立仪式。

　　棉花，全球最重要的纺织原料之一，在日益严峻的生态环境挑战下，为满足消费者对质量与责任的追求，它的可持续发展具有重要的意义。推进碳达峰碳中和，是我国推动经济结构转型升级、构建绿色低碳产业竞争优势，实现可持续、高质量发展的内在要求。2021 年中国棉花协会联合中国纺织品进出口商会、中国棉纺织行业协会、中国家纺协会、中国服装协会共同发起"中国棉花可持续发展项目（CCSD）"，旨在建立我国棉花可持续领域自主标准、认证体系，满足人们品质、健康、环保消费需求，提升产业附加价值、塑造品牌形象。为更好发挥可持续项目的带动作用，充分挖掘棉花及相关领域减碳增汇潜力，提升棉花及下游产业碳管理水平，促进产业绿色低碳转型，助力实现碳达峰碳中和目标，由中国棉花协会牵头，联合国家棉花产业联盟、北京化工大学、全棉时代、中华棉花集团有限公司、新疆利华（集团）股份有限公司、新疆国欣种业有限公司、中农国稷科技发展有限公司、北京中创碳投科技有限公司等单位成立工作组，整合棉花行业及"双碳"领域资源，共同开展棉花涉碳领域的研究及应用推广。

　　CCSD 从始于棉田的可持续承诺出发，希望能够携手全产业链，通过可持续生产方式和消费方式的转变，创造中国棉花产业可持续的未来。一朵棉花，可以温暖世界。选择 CCSD，选择更美好的生活！中国棉花，温暖天下！

附录 15 《机采棉采收技术要求》推荐性国家标准通过审查

2024 年 6 月 21 日，中华全国供销合作总社科教社团部在北京组织召开《机采棉采收技术要求（送审稿）》国家标准审查会。审查组由来自中国标准化研究院、中华全国供销合作总社郑州棉麻工程技术设计研究所、中国纤维质量监测中心等单位的 15 位专家组成。审查专家组听取了标准起草小组的汇报，对送审的技术资料进行了质询和讨论并提出审查意见，一致同意该标准通过本次技术审查。本标准由总社归口并管理、中国棉花协会牵头组织制定，参与制定的还有新疆农牧业机械产品质量监督管理站、石河子大学、新疆农业大学、北京智棉科技有限公司等单位。

本标准界定了机采棉采收技术的术语和定义，规定了机采棉的采收条件、采收作业要求、堆放和运输、采收信息化等方面内容。本标准的制定和实施对于规范机采棉的采收行为、提高机采棉的采收质量和效率、推动整个棉花产业链的产业升级、增强我国棉花产业在国际市场上的竞争力具有重要的意义。

附录 16 中国棉花协会召开棉花"双碳"工作组第一次会议

2024 年 7 月 17 日，中国棉花协会在深圳稳健集团召开了棉花"双碳"工作组第一次会议暨《棉花碳足迹评价标准》启动会。会议就工作组下一步计划、分工及标准制定工作进行讨论。会后，中国棉花协会一行参观了稳健医疗总部展厅、全棉时代的产品销售部门，对其经营模式等情况进行了解。"双碳"工作组成员，新疆巴州农业农村局、国家棉花产业联盟、北京化工大学、全棉时代、中华棉花集团有限公司、新疆利华（集团）股份有限公司、新疆国欣农业科技有限公司、中农国稷科技发展有限公司、北京中创碳投科技有限公司参加会议。

附录 17 中国棉花协会召开进口棉业务座谈会

2024 年 7 月 24 日，中国棉花协会在北京召开棉花企业进口棉业务座谈会，邀请海关总署税收征管局（京津）相关业务负责人、棉花企业代表参加。中国棉花协会对中国进口棉基本情况进行介绍；随后，海关总署税收征管局（京津）对进口棉税政、通关政策进行解读；最后，与会代表围绕企业进口棉业务经营情况、存在问题展开交流，提出政策建议。